LE MONT DES OLIVIERS

MICHAEL V. IVANOV

LE MONT DES OLIVIERS

11 leçons pour une vie extraordinaire

Traduction par Delphine Hurier-Michaud

Le lotus & l'éléphant

Publié pour la première fois aux États-Unis sous le titre
The Mount of Olives: 11 declarations to an extraordinary life

Illustration de couverture : © IStock/Yulimuli
Édition : Clémentine Sanchez
Traduction : Delphine Hurier-Michaud
Fabrication : Anne-Laure Soyez

Dépôt légal : juin 2024
ISBN : 978-2-01-725813-1
48-8653-6

Achevé d'imprimer en Espagne en mai 2024

Nous utilisons des papiers composés de fibres naturelles, renouvelables, recyclables et fabriqués à partir de bois issus de forêts adoptant un système d'aménagement durable. En outre, nous travaillons avec des fournisseurs de papier qui s'inscrivent dans une démarche de certification environnementale reconnue.

PAPIER À BASE DE FIBRES CERTIFIÉES

hachette s'engage pour l'environnement en réduisant l'empreinte carbone de ses livres. Celle de cet exemplaire est de : 250 g éq. CO_2
Rendez-vous sur www.hachette-durable.fr

58, rue Jean-Bleuzen – 92178 Vanves Cedex

DÉDICACE

À ma famille et à ma femme, qui sont si précieuses pour moi…

Je crains qu'en mettant des mots sur l'amour que je vous porte, je ne parvienne pas à exprimer ce que mon cœur ressent vraiment pour vous.

Il ne se passe pas un jour sans que je remercie Dieu de votre présence dans ma vie.

À toi, précieux lecteur…

Rien ne m'enthousiasme plus que lorsque quelqu'un s'engage sur la voie d'une vie meilleure.

Nous nourrissons tous des attentes différentes, pourtant ce sont, au fond, les mêmes choses qui nous importent.

Ne cessez jamais de chercher, ne vous posez jamais, poursuivez sans cesse la quête de votre plus grand objectif. C'est dans cet effort que votre dessein sera révélé et que vous vivrez une existence extraordinaire.

Au cours de votre lecture, appliquez les leçons à votre propre vie.

Soyez extraordinaire !

Michael

Autres livres de Michael V. Ivanov

The Traveler's Secret: Ancient Proverbs for Better Living

The Servant with One Talent: Five Success Principles from the Greatest Parable Ever Told

The Cabin at the End of the Train: A Story About Pursuing Dreams

SOMMAIRE

CHAPITRE 1

Le garçon sur la colline

« Imbécile ! »

Le garçon, qui dormait d'un sommeil profond, se leva d'un bond.

« Imbécile ! » cria à nouveau le soldat en s'avançant à quelques centimètres du visage du garçon. Son haleine empestait l'alcool. Il balayait le jeune homme de son regard perçant, scrutant les moindres détails. Les sourcils froncés du centurion semblaient tenir à eux seuls son casque, dont les rabats latéraux encadraient son visage renfrogné et en sueur. Il haletait encore d'avoir gravi la colline.

« Toi, le muet, le vaurien ! C'est pourtant simple et tu n'y arrives pas ! Et tu voudrais rejoindre les rangs de l'armée ? » Avant que l'homme n'eût fini sa phrase, une violente gifle cingla le visage du garçon, qui vacilla, puis s'effondra.

Le soldat écrasa sa sandale de cuir poussiéreuse sur la gorge du garçon pour le plaquer au sol. « Si je te surprends en train de dormir à ton poste, dit-il avec un sourire méprisant, non seulement tu ne recevras pas ta solde, mais tu seras accroché là-haut à côté de lui ! » Le pied de l'homme frappa violemment les côtes du garçon. Derrière eux, le corps d'un supplicié pendait contre une potence en bois.

L'officier relâcha son étreinte et repartit en jurant à haute voix. Le garçon se releva péniblement. Le sang répandait un goût métallique à l'intérieur de sa bouche et il dut presser sa langue contre sa joue pour stopper l'hémorragie.

Il s'épousseta comme il put avec ses mains tremblantes, puis ramassa son glaive qui était rangé dans un fourreau accroché à un ceinturon et l'attacha autour de sa taille. Il saisit sa vieille besace en peau tannée par le soleil et l'enfila en bandoulière.

Il s'en voulait de s'être assoupi et il éprouvait de la colère envers le soldat.

Comment un homme comme ça pouvait-il être dans l'armée et lui non ?

Il s'assit au pied de la potence en bois, la langue toujours collée à l'intérieur de sa joue, puis il regarda en direction des collines, là où l'aube commençait à poindre. En ville, la plupart des torches allumées pendant la nuit s'étaient déjà éteintes. Un nouveau jour débutait. Il faisait tellement froid, ce matin-là, que le garçon pouvait voir son souffle tourbillonner devant lui avant de s'évanouir. Il n'avait pas prévu de rester toute la nuit dehors et n'avait aucun vêtement chaud à enfiler sur sa tunique, si bien qu'il grelottait. La nuit précédente, il était venu travailler pour la troisième fois sur la colline. D'habitude, à cette heure-là, les condamnés étaient déjà morts, mais en se retournant pour regarder l'homme suspendu au-dessus de lui, il observa que sa poitrine bougeait toujours.

Cet homme-là veut vivre, pensa-t-il, en pivotant à nouveau pour voir les premiers rayons du soleil darder à l'horizon.

***

Trois mois auparavant, le garçon avait eu dix-sept ans. L'âge où l'on devient un homme. Un âge pour s'engager dans l'armée et se battre. Depuis sa plus tendre enfance, il admirait les soldats romains, car il trouvait qu'ils incarnaient vraiment la masculinité. Leurs casques brillants, surmontés d'une crête cramoisie, et leurs plastrons réfléchissant le soleil lorsqu'ils marchaient dans la ville ou battaient la campagne représentaient pour lui autant de raisons pour rejoindre leurs rangs. Dès qu'il croisait un escadron en train de défiler de manière parfaitement synchronisée, il s'arrêtait, émerveillé, pour le regarder passer.

Cette admiration n'était pas la seule motivation pour s'engager dans l'armée. Sans famille, sans attaches, ce garçon qui ne connaissait que les murs de l'orphelinat avait bien d'autres raisons de vouloir s'engager. Il sentait être un fardeau pour tout le monde. Il avait tout d'abord été un poids pour sa mère, qui l'avait abandonné sur les marches du temple alors qu'il n'était encore qu'un nourrisson. Il en était devenu un, depuis, pour la société romaine à qui il devait tout, car sans le gîte et le couvert que lui offrait l'orphelinat, il n'aurait pas de quoi subvenir à ses besoins.

Il avait cependant un plan infaillible pour l'avenir. Dès lors qu'il se serait enrôlé, il ne serait plus cette charge pour les autres et il finirait par épouser un destin glorieux. En officiant dans l'armée, il toucherait une solde, sur laquelle il pourrait épargner suffisamment d'argent pour acheter un terrain dans les collines, à l'extérieur de la ville, où il pourrait cultiver ses oliviers pour vendre leur huile et leurs fruits.

Quand il serait devenu un homme riche, il soutiendrait à son tour l'orphelinat, en donnant aux enfants nécessiteux non seulement de son or, mais également de son temps, afin que plus personne ne grandisse comme lui, en endurant le poids d'une solitude extrême.

Son projet n'était pas sans compter Licinia, la seule fille de l'orphelinat, dont les yeux pétillaient d'un vert extraordinaire. À sa grande beauté s'ajoutait une extrême gentillesse. Ils étaient devenus amis le jour où elle avait pris sa défense, en giflant une brute épaisse qui l'avait raillé pour son handicap.

Un jour, il le savait, elle vivrait à ses côtés et l'aiderait à labourer les champs et à prendre soin des arbres. Il était persuadé qu'il saurait la convaincre que son rêve se concrétiserait. Il savait qu'un jour elle finirait par céder à son charme. Mais il devait, pour l'heure, commencer par rejoindre les rangs de l'armée. Ensuite, tout se mettrait en place comme il l'avait prévu.

Cette confiance fut toutefois de courte durée et il fut saisi par la déception et par l'effroi, quand il affronta les moqueries assassines du général chargé du recrutement des troupes. Ses mains étaient moites et tout son corps tremblait. Il était plein de bonne volonté et espérait finir par se faire comprendre, cependant, chacune des questions que lui posait l'officier le rabaissait davantage. Il n'avait que ses grands yeux sombres et ses hochements de tête pour répondre, mais tous ses efforts ne faisaient qu'accentuer le sarcasme de son interlocuteur. Très vite, la scène avait attiré d'autres centurions qui riaient ouvertement face à l'échange ubuesque entre l'officier et sa recrue muette.

Il était né muet et le général ne s'était pas donné la peine de lire le plaidoyer que le garçon avait pris soin de griffonner sur une chute de parchemin.

Sa tête se mit à tourner lorsque le général lui expliqua qu'il ne pourrait jamais se battre dans l'armée, car un soldat romain devait être capable de transmettre oralement des ordres aux autres dans le feu de l'action. Il comprit alors le frein que représentait son aphasie.

« Nous avons toutefois besoin de quelqu'un pour monter la garde auprès des condamnés à mort, proposa le gradé. La solde n'est pas grasse, mais elle est inespérée pour un vaurien comme toi, car on ne peut pas dire que les dieux se soient penchés sur ton berceau. »

***

C'est ainsi qu'il avait rejoint la colline au nord de la ville, pour attendre la mort des personnes inculpées pour homicide. Son travail consistait à veiller sur les condamnés et à s'assurer qu'ils ne bénéficiaient pas de la complicité d'autrui pour être décrochés et libérés.

La crucifixion était l'un des modes d'exécution les plus courants à Rome. Cette pratique entraînait une mort lente extrêmement douloureuse par asphyxie, à laquelle s'ajoutait l'opprobre de l'exposition publique du corps. Les condamnés étaient dénudés et attachés à une potence, les bras en croix et les pieds cloués à l'équerre. Certains mouraient en quelques heures, foudroyés de douleur. D'autres luttaient quelques jours, les bras écartelés, le corps ballant, incapables de se redresser contre la poutre pour reprendre leur souffle.

Les autres gardes qui partageaient sa tâche n'étaient pas du tout patients : « On est payés au nombre de corps et non au temps passé ici. En leur brisant les genoux, ils s'éteignent en seulement quelques heures, mais en plus tu abrèges leurs souffrances », lui disaient-ils.

Mais le garçon les considérait avec dégoût. Ils n'ont pas le courage nécessaire pour devenir de vrais soldats, néanmoins ils sont suffisamment lâches pour achever sans hésiter un homme sans défense, pensait-il.

Il observa le condamné, dont les yeux étaient clos depuis quelques heures déjà. Seul un léger va-et-vient de la peau sur son torse trahissait encore la présence de vie dans ce corps. Il repensa alors aux conseils de ses comparses et frémit à l'idée de briser les membres de l'homme. Il en était tout bonnement incapable. Peu importe le temps qu'il lui faudrait attendre, il veillerait jusqu'à la mort de ce dernier.

***

Au fil de ses mois de garde en haut de la colline, il avait observé les vies s'évanouir dans un dernier souffle et chacune de ces morts l'avait poussé à la réflexion. La plupart des condamnés étaient pauvres. C'étaient des esclaves, des bandits, des voleurs et des meurtriers que les dieux n'avaient pas gâtés et qui avaient choisi d'emprunter un mauvais chemin, les conduisant à cette fin terrible.

D'autres étaient des hommes riches et éminents, au statut politique élevé, condamnés pour trahison, corruption ou conspiration.

Une fois qu'un homme se retrouve dans le plus simple appareil, rivé sur la croix avec les mains percées jusqu'à l'os, la quantité d'or qu'il possède ou les titres de gloire collectés dans sa vie ne comptent plus. Et sans l'écriteau accroché sur la potence pour énoncer les chefs d'accusation retenus contre eux, le garçon ne pouvait pas distinguer ces hommes les uns des autres.

Certains des condamnés imploraient son aide et quand cela se produisait, il s'éloignait jusqu'à ne plus les voir ni les entendre. Il avait rapidement appris à éviter tout contact visuel et il s'efforçait de les considérer encore comme des êtres humains.

Parfois, c'était plus qu'il ne pouvait en supporter et la peur se mettait à le paralyser. En pareil cas, ses genoux flanchaient et ses jambes se dérobaient sous lui, puis son corps tout entier se mettait à trembler et il avait la nausée. Heureusement, il avait appris avec le temps à se contrôler, surtout lorsque les soldats lui rendaient visite, et sa mission lui semblait désormais plus facile.

Il était presque midi lorsqu'il retourna au pied de la croix. Il poussa le corps de l'homme avec le manche de sa lance et constata qu'il était inerte. Tout le poids de l'homme reposait maintenant sur les clous.

Commençait alors la partie de son travail qui lui semblait la plus simple, car il n'avait plus à craindre que le condamné lui parle. Il arracha un à un les clous qui retenaient le mort et les réserva pour une prochaine exécution. Il laissa choir le corps au sol, enveloppa l'homme dans un drap, le fit rouler sur une civière qu'il tracta jusqu'en ville où il livra le corps pour qu'il soit enterré, et toucha sa paie.

Sur le chemin du retour, il traversa le marché et s'arrêta devant un stand isolé et encore ouvert. Les autres marchands avaient déjà terminé leur journée et plié bagage. Il pointa du doigt une outre de vin en peau, parmi les moins chères, et sortit quelques pièces de sa poche.

Arrivé à l'orphelinat, il aimait grimper sur le toit où les femmes mettaient les tapis et les vêtements à sécher au soleil. C'était son endroit préféré et il s'y retirait pour y passer beaucoup de temps, dès lors qu'il ressentait le besoin de s'isoler des autres. De là, il pouvait observer les collines qui surplombaient la ville, formant au loin un panorama paisible, qui contrastait avec les tracas et les gesticulations vaines des gens de la ville en contrebas. Licinia venait souvent le rejoindre dans son repaire. Il aimait alors écouter sa douce voix et s'émerveiller de sa beauté, tandis qu'elle lui racontait ses rêves.

Quand elle parlait, il l'écoutait, et détournait rapidement le regard si elle le surprenait à la scruter.

Il était jaloux des autres garçons, car eux pouvaient parler. Ils s'exprimaient librement et partageaient tout ce qui leur venait à l'esprit, quitte à passer parfois pour des imbéciles, ce qu'il trouvait d'ailleurs très étrange. Ils comparaient la taille de leurs muscles et savaient apparemment exactement ce que les femmes trouvaient attirant chez un homme.

Peut-être que lorsque l'on peut parler, on est incapable de réfléchir en même temps, pensait-il en les observant.

Comme eux, il avait pourtant tellement de choses à dire. Il désirait pouvoir expliquer ses rêves et les choses auxquelles il aspirait, mais il était condamné à ne faire qu'écouter.

Lorsque les autres orphelins apprenaient à s'exprimer à haute voix, il lui était arrivé, quelquefois, de laisser sa frustration et sa rage éclater silencieusement, et des larmes couler sur son visage. Contrairement à eux, il était incapable de formuler des phrases ou de prononcer des mots. Et il ne comprenait pas pourquoi.

Cette souffrance précoce lui avait insufflé le désir de communiquer par tous les moyens. C'est ainsi qu'il avait commencé à lire et à écrire plus tôt que les autres orphelins, poussé en ce sens par le directeur de l'orphelinat. Cependant, la douleur la plus insoutenable était celle qu'il éprouvait désormais, quand il se trouvait en présence de Licinia, car elle était la seule personne à qui il désirait vraiment parler.

***

D'ici quelques mois, il allait devoir quitter l'orphelinat pour voler de ses propres ailes. Maintenant qu'il était considéré comme étant un homme, il devait partir du foyer. La femme qui l'avait élevé ici lui avait expliqué qu'il pouvait encore garder sa chambre quelque temps, jusqu'à ce qu'il trouve un endroit où vivre. Seulement, son plan tout entier reposait sur son enrôlement dans l'armée romaine et il avait été refoulé.

Me voilà destiné à rejoindre les mendiants qui errent dans les rues. Même les esclaves sont mieux lotis que moi, se dit-il.

Le soleil commençait à s'évanouir et à emporter les rêves d'oliveraies et de vie prospère du garçon.

Son outre de vin était à moitié vide. Il en reprit une gorgée, adossé contre le mur d'argile encore brûlant de la journée ensoleillée. Il ferma les yeux et laissa cette chaleur douce réchauffer tout son corps et l'enlacer, comme pour lui déposer un baiser sur la joue.

Le soleil, les collines en dehors de la ville, où il flânait la plupart du temps, et tout ce qui avait trait à la nature lui procuraient davantage de bienfaits que tous les dieux de Rome dont on lui rebattait les oreilles depuis son enfance.

À nouveau, la colère qu'il connaissait tant l'envahit et des larmes se mirent à sillonner son visage.

Il lança l'outre de vin et la regarda glisser sur le toit d'argile poussiéreux. Tous les mots magiques qu'il connaissait lui vinrent à l'esprit, en apportant encore plus de fureur et de larmes.

« Heureux, fortuné. »

Telle était la signification de son prénom. Félix.

Tu parles d'un nom ! J'ai autant de chance et de succès que de la bouse de taureau collée au fond de la chaussure de l'empereur !

Je suis incapable de vendre quoi que ce soit sur le marché. Je n'ai pas de dons manuels comme ces hommes qui travaillent dans les forges ou dans les étables. Je ne gagnerai jamais suffisamment d'or pour m'acheter une terre où cultiver mes oliviers... Autant mendier. De toutes les façons, Licinia ne voudra jamais d'un pauvre muet inutile !

Le souvenir du général et des centurions moqueurs vint attiser sa frustration et son sentiment de rejet. Il n'avait plus rien à faire ici. Tout espoir de réussite s'était évanoui et il s'éveillait à une nouvelle réalité. Il avait la sensation de se noyer en pleine mer, sans une âme alentour pour lui lancer une corde et le secourir.

Son rêve l'avait nourri pendant si longtemps qu'il lui semblait étrange de perdre le cap et d'être ainsi dépourvu de tout objectif. Il ressentait le besoin de partir. Il fallait qu'il s'éloigne le plus possible de ses échecs, de la pitié des autres, de sa vie romaine et du garçon qu'il était.

Le soleil avait laissé place à l'obscurité. Félix se leva, il quitta son perchoir et dévala les marches pour rejoindre sa natte.

CHAPITRE 2

Partir…

Il faisait encore nuit lorsque Félix se leva. Il roula soigneusement sa couche, plaça délicatement son glaive au milieu du drap, puis il ficela le tout. Il savait que les soldats romains n'étaient pas très appréciés dans les territoires qu'ils avaient conquis et que, où qu'il aille, il risquait d'être pris pour un des leurs. Il avait songé à restituer le glaive qui lui avait été confié pour ses tours de garde sur la colline, mais il n'avait pas voulu subir encore les railleries des autres ni se faire traiter à nouveau de bon à rien. En outre, il appréciait le sentiment de sécurité que l'arme lui procurait.

Il devait se faufiler pour atteindre l'entrée principale de l'orphelinat, traverser la cour et se diriger vers le grand portail. À peine avait-il fait quelques pas qu'une voix familière retentit derrière lui.

« Félix ! » lança-t-elle à voix basse. Il se retourna et vit Licinia dans l'embrasure de la porte. Il la regarda quelques instants, puis il baissa les yeux. La veille au soir, il avait songé lui dire au revoir, puis il avait renoncé à lui avouer qu'il partait sans prévoir de retour.

Elle semblait avoir compris, car malgré le faible clair de lune, lorsqu'elle s'avança jusqu'à lui, il aperçut des larmes scintiller sur son visage. Il se souvint alors de leurs onze ans et de ce jour où elle lui avait parlé des oliviers. « Il faut parfois cinq à huit ans pour qu'ils produisent des fruits », lui avait-elle expliqué. Il était immédiatement tombé amoureux de ces arbres à la maturité tardive et avait vu en eux le reflet de sa propre destinée. Les oliviers connaissent une longue croissance stérile avant d'atteindre leur maturité et de se mettre à produire des fruits en abondance. Il savait qu'il connaîtrait le même sort.

Ce même jour, il se souvint qu'ils avaient couru jusqu'au marché, où il avait volé quelques graines d'olivier qu'il avait ensuite plantées dans les collines hors de la ville.

Licinia savait la frustration que Félix éprouvait, lorsqu'il voyait les autres être embauchés au marché, dans les temples et même dans les institutions officielles de la cité, là où lui échouait systématiquement. Elle pouvait témoigner de son acharnement à vouloir sans cesse faire comme tous les garçons de son âge, pour finir par se voir à nouveau rejeté.

À Rome, les personnes handicapées étaient considérées comme des entraves pour la société. Il était donc, lui aussi, un fardeau.

La jeune fille se pencha et déposa un baiser sur sa joue. « C'est quand on se dit que l'olivier ne produira jamais, qu'il donne plus de fruits que jamais », murmura-t-elle à son oreille avant de disparaître dans l'obscurité de la maison.

Le garçon resta un moment sans bouger, puis il tourna les talons et il s'engagea dans la rue tranquille. Son esprit lui intimait de rebrousser chemin, car il se sentait très seul sur ce chemin qui lui était pourtant familier.

Ses pieds continuaient cependant à avancer dans la pénombre de la ville encore endormie et plongée dans un épais silence. Çà et là, quelques torches accrochées sur le devant des maisons éclairaient encore la voie, aidant Félix à sortir de la ville. Arrivé à la porte de la cité, qu'il avait si souvent franchie, il effleura une dernière fois de sa main les murs d'argile froide et se dirigea vers l'ouest, en direction d'Ostia, le plus grand port qui desservait la ville de Rome.

Il ne s'était rendu qu'une seule fois là-bas, quand il était beaucoup plus jeune, pour accompagner les femmes de l'orphelinat et les aider à charger une livraison dans une carriole et à la rapporter à Rome. Il avait aimé accomplir ce travail difficile, qui avait mis ses muscles à l'épreuve.

Il se rappelait qu'il avait apprécié cette mission qui avait sollicité sa force et savait qu'il lui faudrait près de cinq heures de marche pour rallier Ostia.

Au bout de quelques kilomètres, le ciel commença à s'éclaircir et il se retourna pour jeter un dernier coup d'œil à la ville qui l'avait vu grandir. Rome était toute sa vie, mais à la lueur du petit matin, la cité lui semblait froide et peu engageante. Il savait qu'il ne manquerait à personne, sauf peut-être à Licinia, du moins l'espérait-il. Songeur, il toucha la joue qu'elle avait embrassée, puis il se tourna et reprit son chemin.

La route sinuait à travers la plaine vallonnée. Les falaises dentelées, encore enveloppées dans le crépuscule, lui donnaient l'impression d'être petit lorsqu'il passait à côté d'elles et, à quelques heures de l'aube, les sommets des collines contrastaient dans le ciel et dominaient Félix.

***

À l'approche de la ville, une bouffée d'air marin emplit ses narines et une brise fraîche en provenance de la mer Tyrrhénienne souffla sur son visage, lui insufflant une énergie nouvelle. Il se dirigea directement vers le port, conscient qu'il n'avait pas assez d'argent pour se payer un titre de voyage. Il espérait se faire embaucher sur un navire pour aider l'équipage et pouvoir ainsi quitter Rome.

J'irai partout où un bateau me mènera, du moment qu'il m'éloigne de Rome, pensait-il.

Il s'assit sur le quai pour observer le ballet incessant des esclaves en train de décharger et charger des sacs sur les navires. Soudain, il se rendit compte que son plan était loin d'être infaillible. En effet, comment parviendrait-il à convaincre un capitaine de le laisser monter à bord en échange d'un travail, que ces esclaves lui fournissaient gratuitement ?

Un homme vint s'asseoir à côté de lui. Il arborait une tenue et une allure étranges, mais élégantes, que le garçon avait déjà vues auparavant. Malgré le gros ceinturon accroché à sa taille, sa tunique était encore très longue, ce qui ne devait pas être très confortable pour voyager, surtout quand il faisait chaud. Elle était confectionnée dans une riche étoffe et il arborait un pardessus d'une couleur vive assorti au turban qui retenait ses cheveux ébène. Félix comprit qu'il était l'un de ces marchands nomades venus de contrées lointaines pour inonder les marchés de Rome de leurs marchandises exotiques. On reconnaissait ces derniers aux sacoches remplies d'or accrochées à leur taille. Leur extravagante richesse intriguait le garçon, qui s'était toujours demandé comment accéder à une telle abondance.

L'homme s'essuya le front avec sa manche. Il se tourna vers le garçon et le fixa un instant. La sueur coulait de son couvre-chef et des gouttes perlaient sur son visage à la peau sombre et ridée, qui trahissait une vie bien remplie.

« Que fuis-tu, mon garçon ? » demanda-t-il à Félix en pointant le baluchon qu'il portait dans son dos. Malgré un fort accent étranger, l'homme parlait parfaitement latin, ce qui conforta Félix dans l'idée qu'il venait souvent à Rome, sans doute pour y faire du commerce. La plupart des étrangers avaient des traducteurs, mais beaucoup de ceux qui venaient dans la région apprenaient à parler la langue.

Félix répondit d'un haussement d'épaules et d'un signe de la main en direction de la mer.

L'homme semblait comprendre que le garçon était incapable de parler et il gardait ses yeux rivés sur lui, ce qui mettait Félix mal à l'aise, si bien qu'il fit mine de ne pas le remarquer et se décala légèrement de l'homme.

On dirait qu'il n'a jamais vu de muet de sa vie, pesta-t-il intérieurement en se rasseyant un peu plus loin.

« Tu sais, fuir ailleurs ne changera rien à ta situation », poursuivit l'homme. La conversation prenait un tournant trop intime et Félix pensa à se lever pour s'en aller.

Mais que sait-il de ma vie ?

Il tira sur le col de sa tunique pour le redresser, comme il le faisait la plupart du temps quand il était en colère ou frustré.

L'homme l'examina de haut en bas, puis il poursuivit : « Je vois beaucoup de gens comme toi, qui partent pour des contrées où ils pensent trouver une vie meilleure, mais où ils finissent par faire à nouveau face à ce qu'ils ont laissé derrière eux. »

Le garçon se leva et commença à descendre le quai, mais l'homme lui saisit le bras et le tira vers lui. Ses yeux noirs plongèrent dans l'âme du garçon. Le cœur de Félix se mit à battre la chamade et un frisson lui parcourut l'échine. Il pensa à l'arme qu'il avait cachée dans son drap roulé.

« Tu ne dis pas un mot, dit l'étranger, mais tu sembles errer sans but. Pour une raison que j'ignore, tu as été placé sur mon chemin. S'il ne fait aucun doute que Dieu règne au ciel, je sais tout autant que tu vas écouter ce que je m'apprête à te dire ! Je n'ai pas pour habitude d'aider les vagabonds comme toi, ceux qui errent dans la vie sans but. J'ai connu des personnes qui ne sont plus de ce monde et qui échangeraient volontiers leur place avec la tienne ! »

L'homme parlait à voix basse, comme s'il avait honte de s'adresser au garçon, et sa barbe hirsute dansait au rythme des mouvements de ses lèvres.

Félix ne comprenait pas ce qui contrariait cet homme et il ignorait pourquoi il était venu le trouver alors qu'il ne lui avait rien demandé.

Comment sait-il que je veux fuir ?

L'homme lâcha son emprise sur le bras du garçon, avant de reprendre la parole. « Je crois aux présages, dit-il, et j'écoute toujours quand mon cœur s'exprime, même si ma rencontre avec toi me retarde. J'ai, sur ce navire, une importante cargaison de luxueuses étoffes que je porte à Jérusalem pour la fête de la Pâque juive. » Félix avait entendu parler des Juifs et de la résistance qu'ils opposaient aux troupes romaines, dans la région de Judée. Il redoutait ce peuple qui refusait de se plier à l'influence des codes de la civilisation romaine.

L'homme continua : « Plusieurs de mes navires ont été attaqués dans ces eaux par des pirates. Les embarcations romaines ne nous protègent que sur une partie du trajet et j'ai besoin de quelqu'un comme toi pour monter la garde pendant la nuit. »

Félix n'en croyait pas ses oreilles. Les gens l'avaient toujours traité comme un fantôme qu'ils prenaient soin d'éviter.

Et là, cet étranger l'avait approché et l'avait, à juste titre, accusé de choses auxquelles il avait pensé ces derniers mois tout en haut de la colline. Il s'était apitoyé sur son sort, il avait pesté contre les dieux, contre le monde et contre lui-même, blâmant la Terre entière, et il cherchait maintenant à fuir. Il ne faisait aucun doute que l'homme ne l'estimait pas beaucoup, mais pour une raison étrange, il lui offrait un emploi qu'il ne pouvait refuser.

Il finit par opiner du chef.

« Très bien, le navire est prêt, dit l'homme en se levant pour se diriger vers le bateau. Je m'appelle Haziq », lança-t-il sans se retourner.

CHAPITRE 3

« Les mots prononcés mettent la vie en mouvement »

Les navires que le garçon avait vus jusqu'ici étaient les embarcations assez plates qui parcouraient le Tibre et qui acheminaient des marchandises dans Rome. Même si celui d'Haziq était lui aussi utilisé pour le transport, il était beaucoup plus élégant. Ses mâts s'étiraient vers le ciel et le bois foncé autour de la cabine et des rambardes avait été sculpté de motifs à la main.

Félix se tenait à la poupe du navire pour regarder le seul monde qu'il ait connu s'estomper lentement à l'horizon. Cette ligne de moins en moins épaisse, au loin, recelait tout ce qui lui était familier et ce dont il se souvenait. Il eut alors une pensée pour Licinia et une profonde bouffée de nostalgie l'envahit, car il ignorait s'il reverrait un jour sa douce amie au regard scrutateur et aux longues boucles noires.

Il avait bondi sur le bateau, sans laisser à son esprit le temps de redouter l'inconnu ni de lui intimer de faire demi-tour. Sa vie à Rome était arrivée à son terme, il le savait, et en avançant jusqu'à la proue du bateau, il sentit sa crainte se muer en curiosité pour ce qui l'attendait.

L'obscurité de sa première nuit à bord commençait à s'installer et le garçon grimpa à l'endroit qui lui avait été assigné sur le toit de la cabine. De là, il avait un bon point de vue sur l'ensemble du navire et déroula sa natte pour être plus à l'aise. Les voiles étaient juste assez hautes pour qu'il puisse voir au-delà des mâts et il scrutait constamment le périmètre. Il était responsable de la vingtaine d'âmes à bord et rien que cette pensée le maintenait en alerte.

Quelques heures plus tard, Haziq vint le rejoindre.

Ils restèrent un moment assis sans mot dire. Seul le bruit du vent faisait crépiter la torche enflammée du garçon. Haziq finit par rompre le silence avec son accent rugueux.

« J'ai voyagé dans le monde entier et vu des hommes de toutes les villes, déclara-t-il. Les hommes sont les mêmes. Leurs langues ont beau être singulières, la couleur de leur peau déclinée dans des nuances infinies et leur mode de vie différent du nôtre, tous veulent la même chose », ajouta-t-il avant de marquer une pause.

Félix tripotait nerveusement la torche en attendant que l'homme poursuive. Il se tenait droit et fixait Haziq du regard.

« Tous les hommes veulent connaître une vie pleine d'amour et de bonheur, avoir un objectif, être en bonne santé et recevoir de l'or en abondance. Tous les hommes veulent mener une grande vie. Ils désirent exceller dans un domaine et être reconnus, mais très peu d'entre eux parviennent à atteindre ces désirs. C'est le plus grand mystère de l'existence humaine. »

Les yeux dans le vague, Haziq poursuivit : « L'homme cherche à tout prix à donner un sens à son existence, mais il passe sa vie à poursuivre des choses vaines. Il remplit son temps en courant à droite et à gauche. Il comble sa vie en usant de boissons fortes et de divertissements, tout comme il use des femmes pour assouvir son appétit sexuel. Il remplit enfin sa vie avec son travail et sa famille. Il multiplie les expériences et, pourtant, lorsque la nuit tombe et qu'il se couche, une profonde tristesse l'étreint à nouveau. Au fond…, tout au fond de chaque homme réside la connaissance de son pouvoir miraculeux. Cependant, l'homme a appris à réprimer ce pouvoir, cette force qui jaillit de l'intérieur de son âme. Il a peur. Peur de tout ce qu'il doit traverser pour changer le cours de son existence et pour mener une vie extraordinaire », continua Haziq, en remontant sa cape pour se protéger de la fraîcheur nocturne.

L'esprit de Félix se rappelait les innombrables nuits qu'il avait passées éveillé, écrasé de solitude dans l'obscurité. Il se souvenait de ces soirs où les maigres distractions de la journée ne parvenaient pas à mettre son angoisse et son désespoir en sourdine. Ces jours-là, à peine posait-il sa tête sur l'oreiller qu'il sentait le sommeil lui échapper.

Il ne fait aucun doute que je ne mène pas une vie extraordinaire, se disait-il.

L'homme continua son monologue : « Il y a aussi des hommes qui ont des désirs et qui veulent faire de grandes choses, mais qui ne les réalisent pas. Tous les hommes ont pourtant une chance égale d'atteindre la vie dont ils rêvent, en choisissant simplement une meilleure façon de vivre, en suivant simplement les principes. »

Le garçon écoutait attentivement Haziq, se demandant pourquoi cet homme, qui lui avait proposé quelques heures plus tôt de rejoindre l'équipage comme on extrait un vagabond de la rue, venait à nouveau se confier à lui.

Félix se posait beaucoup de questions. Pourquoi cet étranger fortuné s'intéressait-il tant à lui ? Pourquoi l'avait-il abordé sur le quai et pourquoi l'avait-il embauché ? Il avait expliqué croire aux présages… Mais quel rapport avec lui ?

Puis il réfléchit à ce que l'homme était en train de dire.

De quels principes parlait-il ? Quelles règles Félix pouvait-il suivre pour connaître la prospérité et mener la vie dont il rêvait, lui qui ne pouvait pas parler ?

En effet, comment pourrait-il parvenir à atteindre ce fameux bonheur dans un monde qui ne le comprenait pas et surtout sans la présence de Licinia ? Quel objectif pouvait-il espérer poursuivre ? L'homme faisait certainement allusion aux personnes capables et en bonne santé, mais Félix savait que cette vie idéale ne lui était pas accessible.

Haziq se tourna vers le garçon avec le même regard convaincant de leur première rencontre sur le port, puis il enchaîna : « Tu n'es pas moins capable qu'un autre homme de créer la vie que tu désires. Le fait d'être muet n'empêche pas de mener une vie extraordinaire. Ton handicap n'est pas la raison de ton échec. C'est ton esprit le responsable. Tu as laissé les autres te dicter ta valeur et te convaincre que tu étais un moins que rien », dit Haziq en appuyant sur ces derniers mots.

Pour la première fois depuis longtemps, Félix sourit.

Haziq s'exprimait avec passion. Toutefois, cet homme aux vêtements extravagants, qui possédait manifestement plus de richesses que quiconque, s'adressait à lui en des termes très simples et intelligibles, et le jeune homme aimait ça.

Félix fit un grand sourire à Haziq, qui haussa les sourcils d'un air étonné : « Alors, comme ça, tu me comprends ! » Félix répondit « oui » de la tête. « Je commençais à me dire que tu étais peut-être bien sourd aussi ! »

Il désirait qu'Haziq continue de lui parler. Il pointa alors du doigt l'amoncellement de sacs au milieu du bateau, puis la bourse de pièces d'or attachée à la ceinture de l'homme.

« Tu veux savoir comment j'ai fait fortune ? » interrogea Haziq. Le garçon acquiesça. « J'ai commencé par gagner ma vie çà et là, sans pour autant faire fortune au début. » L'homme tapota alors sa tempe avec son index, puis il désigna sa poitrine, au niveau de son cœur. « Il y a bien longtemps, alors que je n'étais encore qu'un enfant, j'ai travaillé pour un homme riche. Je l'accompagnais dans ses nombreux voyages à sillonner le désert, les empires et les grandes villes et je prenais soin de ses chameaux et de ses ânes. C'est lui qui m'a appris comment vendre et faire du commerce, mais je peinais alors à subvenir à mes besoins. Ce n'est que lorsque j'ai intégré les principes qu'il m'a enseignés que j'ai enfin pu amasser suffisamment d'or pour me lancer à mon tour dans les affaires. Ces principes m'ont permis d'apporter à ma vie les changements que je souhaitais. Je voulais être riche. Je voulais être différent des hommes de mon village, qui menaient de misérables existences, en vivant comme les moutons qu'ils élevaient. Mon problème était que j'avais au début le même esprit qu'eux. Je pensais et je me comportais comme eux. » L'homme s'arrêta et leva les yeux vers le ciel parsemé d'étoiles.

Ils avançaient dans l'obscurité la plus totale et l'eau était noire. Le vent faisait rebondir la lueur de la flamme sur le visage d'Haziq. Le garçon l'observait. L'homme était calme et plongé dans ses pensées, tout en ayant un œil sur le navire.

Quelques hommes d'équipage s'étaient regroupés pour discuter autour d'une torche au niveau de la proue. Le vent étouffait leurs voix et seuls leurs rires parvenaient jusqu'à la poupe où Haziq et lui étaient assis.

La mission confiée à Félix l'obligeait à rester éveillé toute la nuit et à se coucher au lever du soleil. S'il voyait un bateau approcher, il devait sonner l'alarme et allumer toutes les torches de part et d'autre du navire. Il avait parcouru tout le pont pour repérer et compter les lampes à éclairer.

Sa couche en peaux de chèvre était étalée sur le toit et il avait pris soin de glisser son glaive juste en dessous, en laissant dépasser le pommeau afin de le saisir rapidement s'il apercevait des pirates. Chaque fois qu'il l'apercevait, il se rappelait la raison de sa présence sur le navire et son cœur s'emballait. Il espérait ne jamais avoir à s'en servir.

Haziq finit par rompre le silence.

« Certains hommes sont capables de gagner beaucoup d'or, d'autres sont en mesure de découvrir leur raison d'être et d'autres encore apprennent à se satisfaire de la richesse, de la sagesse et de l'amour. Tu devras apprendre les principes et les intégrer à ta personnalité », dit-il.

Haziq fixa à nouveau le jeune homme. « Comprends bien ceci. De toute ma vie, je n'ai jamais prononcé ces mots devant qui que ce soit. Je ne peux cependant plus les retenir. En les gardant pour moi, je n'ai pas rendu service au monde. Il est temps, maintenant, que les hommes assument la responsabilité de leurs choix, au lieu de blâmer les circonstances extérieures pour leurs échecs. Ces principes doivent pénétrer ta chair et ton esprit pour devenir le tissu de ton âme. Tu dois commencer par chasser le doute et mettre un terme à l'autodestruction meurtrière dans ta façon de penser et de te parler. Avant de connaître le moindre succès, le premier principe que tu dois apprendre est le suivant : *les mots prononcés mettent ta vie en mouvement.* »

L'homme se pencha vers le garçon et lui tapota le front avec son index. « Ici, tu construis ta vie tout comme, ici, tu la détruis. Tu es libre de choisir la façon dont ta vie doit se dérouler. »

L'homme regardait Félix qui peinait à comprendre. Jusqu'à présent, même son destin avait été difficile à accepter, sa vie avait été assez simple. Il suffisait de travailler pour gagner ce que l'on possède. On gagne peu et on perd peu. Avec de la chance, on gagne parfois un peu plus, alors on économise. Peu importe ce que l'on pense ou croit, les dieux nous traitent comme bon leur semble.

Tout ce que Félix savait, c'est que la chance s'était arrêtée pour lui peu après sa naissance. S'il ne pouvait communiquer avec les autres, qu'importait la façon dont il se parlait à lui-même ?

« L'Univers fait écho à ce que tu lui dis, poursuivit Haziq. C'est ainsi que Dieu l'a créé. Tu es ici parce que c'est ce que ton cœur t'a réclamé. Même si ce n'est pas ce que tu voulais, c'est ce que tu as demandé. Prenons l'exemple d'un olivier... »

Le garçon fut stupéfait d'entendre cette comparaison familière sortir de la bouche de l'homme, qui enchaîna : « Un olivier reste stérile pendant de nombreuses années avant de produire ses premiers fruits. Pendant ce temps, croit-il échouer ? demanda Haziq. S'inquiète-t-il de ce qu'il adviendra de sa vie ? Se dit-il qu'il n'arrivera jamais à rien ? La réponse est *non*. Il continue de croître et ne se soucie que d'absorber le plus de soleil possible. Il étend ses racines, les enfouit dans le sol, s'abreuve d'eau et de l'énergie de la terre. Les printemps passent et il ne considère jamais qu'il échoue. Il vit dans la foi que son temps viendra. Il a été créé dans un but précis, qui est tout simplement d'être un olivier. Toi, mon garçon, tu as renoncé à tes racines. Tu as cessé de chercher les rayons du soleil et de t'abreuver de l'eau de la terre. Tu as préféré te raconter des mensonges et t'abreuver des mensonges des autres au point d'y croire. Tu as ressassé toutes les raisons pour lesquelles tu *n'es pas* capable au lieu de te rappeler ce en quoi tu l'*es*. En comprenant que tu es muet, les gens t'ont traité de bon à rien. Et tu as accepté. »

L'esprit du garçon fut alors assailli de souvenirs. Quand il était enfant, malgré sa frustration de ne pas pouvoir s'exprimer, il ne s'était jamais considéré comme étant différent. Ses rêves et ses désirs n'étaient encore pas empêchés par son handicap. C'était une infirmité à laquelle il n'avait même pas pensé, lorsqu'il avait commencé à chercher du travail. C'est en voyant les autres lui renvoyer sa différence qu'il avait commencé à y croire.

Haziq se leva lentement et descendit doucement dans la cabine où des hommes dormaient déjà. Félix supposa qu'il se retirait pour la nuit, mais quelques minutes plus tard, l'homme resurgit avec un paquet en tissu emballé dans les mains.

Il vint s'asseoir à côté du jeune homme. Il sortit du morceau de toile un objet rectangulaire étrange, qui mesurait la taille d'une main d'homme. L'extérieur était recouvert d'une peau d'animal qui renfermait un amas de rectangles empilés avec soin, attachés sur le côté par une ficelle.

Ils ressemblaient aux papyrus que le garçon connaissait. Il savait que le papier était fait de morceaux de tiges déchiquetées, assemblées, pressées, aplaties, humidifiées, puis reliées les unes aux autres pour former un long rouleau. Il s'était un jour introduit à Rome dans un atelier qui en confectionnait, et les ouvriers l'avaient autorisé à rester pour les regarder travailler. C'était une fabrication complexe et seuls les gens riches pouvaient se l'offrir, quand l'écriture se faisait souvent sur de la pierre ou des tablettes de bois enduites de cire au moyen d'un poinçon, ou bien sur des parchemins en peaux séchées.

Haziq tendit l'objet au garçon, qui le saisit et ouvrit l'épaisse couverture en peau d'animal. Il n'avait jamais vu ni touché pareil objet et avait la sensation d'être devant quelque chose d'inédit. Alors qu'il tournait les éléments qui le composaient, il remarqua que, contrairement aux parchemins, rien n'était inscrit ni dessiné. La texture était également beaucoup plus fine que celle des parchemins qu'il connaissait. Il leva alors des yeux perplexes en direction d'Haziq, qui comprit son interrogation.

« C'est l'avenir de l'écriture, dit-il au garçon. Je connais un endroit, près des ruines de la grande ville de Babylone, en Mésopotamie, où les mûriers poussent en abondance. J'y possède une terre couverte de ces arbres et j'en posséderai bientôt beaucoup d'autres. Leurs copeaux sont beaucoup plus doux et plus fins que ceux des autres arbres. Je peux fabriquer un objet de la sorte avec moins d'efforts que pour produire n'importe quel rouleau de papyrus. Au lieu d'assembler les feuilles pour en faire un long rouleau, j'ai trouvé un meilleur moyen de confectionner des petits morceaux rectangulaires, puis de les assembler et de les recouvrir d'un ensemble rigide, pour les protéger. Quiconque s'en servira pourra aisément conserver ses écrits. »

Le garçon dodelinait de la tête pour marquer son approbation à cette idée, admirant l'objet qu'il tenait et qu'il finit par rendre à l'homme.

Haziq plongea sa main dans la poche de sa longue et épaisse robe, puis il en sortit un petit pot et une longue plume d'oiseau.

« Sais-tu lire et écrire ? » demanda Haziq.

Le garçon saisit la plume, la trempa dans l'encrier et écrivit. *Je m'appelle Félix*. Haziq ne sembla pas surpris et il tendit l'objet insolite au jeune homme.

« Tiens, Félix, celui-ci est pour toi, dit Haziq. J'en ai d'autres avec moi que je compte présenter à mes amis marchands. S'ils sont d'accord, je pourrai alors en produire en plus grande quantité afin de les vendre au plus grand nombre. Cet objet peut me faire gagner beaucoup d'or. Le monde a besoin d'un meilleur moyen pour consigner son histoire, ses lois, les idées et le récit des hommes. Voilà ce que je veux offrir au monde !

« Ces principes sont intemporels et serviront toujours de guide à chaque homme qui cherchera à les intégrer à sa vie. Celui qui désire trouver une meilleure façon de vivre la trouvera. Si tu le veux, mon garçon, je peux t'enseigner les principes qui m'ont apporté plus de sagesse, de paix, de santé, de richesse et d'amour que mon cœur ne peut en contenir. Écris-les dans ce carnet, relis-les et médite sur eux chaque jour. »

Sur ce, Haziq se leva, puis il disparut dans l'antre du navire pour la nuit.

Félix prit Haziq au mot et il commença à écrire : *Les mots prononcés mettent la vie en mouvement*. Cela faisait longtemps qu'il n'avait pas pratiqué l'écriture et le contact sur ces pages était différent de celui qu'il connaissait sur les peaux d'animaux ou sur les vieux papyrus sur lesquels il avait appris.

Il se pencha en arrière et rentra ses bras nus dans sa tunique pour se réchauffer. Haziq parlait avec autorité et le garçon voulait se souvenir de chacun de ses mots. Il avait la sensation que l'homme lisait dans ses pensées et qu'il était déterminé à les transformer.

Félix repensa à l'époque où son rêve de cultiver ses propres oliviers emplissait son cœur. Il se remémora cette joie qu'il ressentait lorsqu'il visualisait quelle serait sa vie future. Il serait riche et prouverait au monde que son handicap ne le diminuait pas. Alors qu'il se trouvait là, assis sur ce bateau, ces sentiments s'éveillaient à nouveau tout doucement en lui. Il semblait que ce que l'homme lui avait dit, à propos des mots qui mettaient les choses en mouvement, était vrai.

Félix se souvint alors de son travail en haut de la colline et au rituel que les gardes romains observaient avant d'exécuter un criminel. Ils déroulaient un parchemin et lisaient au condamné une déclaration, qui détaillait toutes les charges retenues contre lui et expliquait quelle autorité avait décidé ce châtiment. Une fois cette lecture achevée, le sort de l'homme était scellé.

Depuis sa rencontre avec Haziq, Félix avait la sensation que son destin était en train de se jouer. La sagesse de l'homme l'impressionnait, et il sentait qu'à son contact, il pourrait beaucoup apprendre.

Le garçon décida alors de suivre le conseil qu'il lui avait prodigué. Comme on lisait des déclarations aux condamnés de Rome, il rédigea pour lui une déclaration sous la forme d'une leçon, afin de sceller son propre sort. Ainsi, il rédigerait chacun des principes que l'homme partagerait avec lui et pourrait s'en souvenir.

Première leçon

« Les mots prononcés mettent la vie en mouvement »

J'écouterai avec diligence chaque mot que mon esprit me dictera et je l'interromprai pour le juger avec le même sérieux que l'on juge les crimes les plus odieux. Toute pensée destructrice allant à l'encontre de ce que je recherche sera chassée de mon esprit, comme on se débarrasse d'une maladie.

Je dois faire taire toute malveillance dans mon esprit, car l'Univers écoute. Il écoute et attend de passer à l'action avec une force capable de déplacer des montagnes, semblable aux vents qui lancent les vagues contre les rochers. Le même souffle qui dicte au Soleil de brûler avec ardeur et à la Lune de rafraîchir le soir, n'attend que d'entendre ma voix. Or, jusqu'à présent, je n'ai fait que m'amoindrir avec mes mots.

Lorsque mon esprit parlera de mort, je parlerai de vie et je surpasserai les mots prononcés contre moi en criant si fort que la voix dans mon esprit deviendra une force imparable, parlant désormais en mon nom.

Bientôt, ces deux voix s'exprimeront à l'unisson et ne feront plus qu'une. Je parlerai de la vie, puisque les mots prononcés mettent ma vie en mouvement.

CHAPITRE 4

« Vivre en gardant la fin à l'esprit »

L**e Soleil était accroché** au-dessus de sa tête et ses yeux fatigués le brûlaient, pourtant le garçon n'arrivait pas à trouver le sommeil.

Il ouvrit son livre et lut ce qu'il avait écrit pendant la nuit à la lumière de sa torche. Au cours de ces dernières années, il avait écouté ce que les autres pensaient de lui et projetaient sur lui. Leurs voix l'avaient étouffé et sa propre voix, qui s'exprimait à l'intérieur de son esprit, s'était jointe à leur chœur.

Chaque fois qu'il pensait à la réussite, son handicap ou son statut d'orphelin lui étaient rappelés. Sans cesse, on lui répétait que rien pour lui n'avait jamais fonctionné dans la vie. On lui rabâchait qu'il était inférieur aux autres et que sa vie ne valait rien.

Puis-je réellement contraindre mon esprit à penser autrement ? se demandait Félix.

Haziq avait estimé que la traversée jusqu'à Césarée durerait plusieurs semaines et qu'il leur faudrait ensuite quelques jours de marche jusqu'à Jérusalem. Il avait donc prévu une première escale de quelques jours sur une île, en Crète, dans le village de Phoenix, avant de poursuivre en direction de Césarée.

Le garçon passait le plus de temps possible aux côtés d'Haziq et chaque fois que l'homme montait sur le pont, il se précipitait pour le suivre.

Lorsque le temps tournait et que la pluie sévissait, ils déplaçaient la cargaison entassée au milieu du navire en empruntant les escaliers jusqu'à une cabine, en dessous, où ils l'entreposaient jusqu'à ce que le temps s'éclaircisse, puis ils la remontaient sur le pont. Le navire était déjà trop chargé pour pouvoir faire autrement. Qu'il s'agisse de ses carnets ou de ses riches étoffes et habits, rien de ce qu'Haziq commercialisait ne supportait l'humidité et toute sa cargaison devait être protégée. Félix y portait un soin tout particulier et il dévalait ou gravissait alors plus vite que les autres les marches en courant.

Son travail était difficile, mais il l'aimait et il sentait que grâce à lui, il s'aguerrissait. La sueur qui coulait sur son visage et l'énergie qui le traversait lui donnaient l'impression de mériter sa place sur le navire et la pitance qu'on lui offrait.

Si l'homme avait fait preuve d'une certaine dureté dans ses propos quand il avait rencontré le garçon, il le traitait désormais comme n'importe quel autre membre de l'équipage, ce que Félix appréciait grandement. Il travaillait plus dur que jamais auparavant, voulant prouver à Haziq qu'il ne gâcherait pas sa vie.

Chaque jour, au lever du soleil, quand la plupart des hommes se levaient, le garçon se retirait au niveau inférieur pour tenter d'y dormir sur une couchette. Il ne parvenait cependant à s'assoupir que quelques heures, à cause du vacarme que faisait l'équipage auquel s'ajoutaient la rumeur de la mer, mais aussi le roulis et le tangage du navire. Il ne comptait plus les fois où il devait courir jusqu'au bastingage pour vomir par-dessus bord. Les autres se moquaient souvent de lui, mais son humiliation était généralement de courte durée, car il n'était pas le seul à ne pas avoir le pied marin et d'autres hommes souffraient, eux aussi, du mal de mer et se précipitaient jusqu'au garde-corps pour se soulager.

L'équipage tenait le décompte de la distance parcourue et des jours passés en mer, mais après trois nuits à bord, le garçon avait perdu tout sens du temps. Comme il veillait tous les soirs, il confondait le jour et la nuit.

***

Par une nuit froide, il serra sa tunique et emprunta l'échelle pour monter à son poste de guet. Il étendit sa natte, s'adossa au mât et recouvrit ses jambes d'une peau de chèvre qu'Haziq lui avait donnée. Depuis son départ de Rome, il portait le même vêtement, qu'il avait lavé et étendu au soleil sur le pont, un peu plus tôt dans la journée. Haziq lui avait proposé de lui offrir des vêtements, mais il les avait refusés, car il était gêné d'accepter quoi que ce soit de plus de cet homme qui l'avait déjà beaucoup aidé.

La Lune jouait à cache-cache avec les nuages épars, ce qui rendait la nuit particulièrement sombre. Il déplaça la torche qui était derrière lui, de sorte que sa lumière vive l'empêchait de voir au loin, mais sa flamme lui procurait un peu de chaleur. Il regardait les vagues danser, comme hypnotisé, et pensait aux hommes de l'équipage.

Les hommes avec qui il voyageait avaient tous suivi des chemins différents. Certains travaillaient pour Haziq et naviguaient depuis leur plus jeune âge, d'autres faisaient avec eux la traversée pour la première fois, mais chacun avait son propre esprit. Chaque homme devait nourrir son rêve et viser un objectif à atteindre.

Toutefois, la plupart d'entre eux se comportaient de la même manière.

Mis à part Haziq qui était riche, les autres ne semblaient pas différents les uns des autres. Il repensait à ses conversations avec l'homme : « Tout être a une chance égale de mener une vie extraordinaire », lui avait dit Haziq.

Pourtant, ces hommes ne semblaient pas avoir saisi la leur, ce qui intriguait Félix. Était-ce parce qu'ils ignoraient les principes dont Haziq lui avait parlé ? D'ailleurs, Haziq les avait-il partagés avec d'autres ? Ou bien peut-être les connaissaient-ils sans pour autant les appliquer. Et puis il se demandait s'il serait capable de les enseigner à son tour et de les mettre à profit dans sa vie, si tant d'autres n'y sont pas parvenus ? L'esprit assailli de questions, il pencha sa tête en arrière et ferma les yeux.

Ils ne doivent pas les connaître.

Bercé par le crépitement de la torche et par le clapotis des vagues contre la coque du navire, Félix manquait de sommeil et ses paupières se faisaient de plus en plus lourdes.

***

Soudain, le navire tout entier fut violemment secoué et le garçon faillit tomber de son perchoir. Il s'était endormi dans sa vigie et se leva d'un bond, complètement désorienté.

Après avoir ouvert les yeux en grand, son corps entier se figea. Un navire avait percuté et accostait maintenant le leur. Un énorme grappin rouillé vola et vint s'accrocher au bastingage.

Un cri retentit dans l'esprit du garçon. *Des pirates !* Il avait recouvré ses esprits et il bondit en direction de son glaive. Arme en main, il saisit la torche, s'élança du haut du toit de la cabine et dégringola sur le pont. Dans sa chute, il laissa tomber son flambeau, mais parvint à tenir fermement son épée qu'il utilisa pour alerter les autres en tambourinant sur un gong.

Quelques hommes qui se trouvaient dans la cabine avaient ressenti la secousse et ils arrivèrent en courant. Un second grappin jaillit pour venir s'accrocher sur le garde-corps du bateau.

Très vite, tous les hommes furent sur le pont. Félix avait ramassé la torche allumée et il courait pour enflammer les autres lampes du navire, mais avant d'avoir atteint la suivante, un pirate bondit de l'embarcation voisine et sauta sur le pont. Le garçon vira dans sa course pour écraser sa torche de toutes ses forces sur la tête du pirate. Une pluie d'étincelles s'abattit sur lui et l'agresseur trébucha en arrière dans un hurlement. Félix sentait son cœur bondir dans sa poitrine, le sang battait sourdement contre ses tempes. Il leva son glaive au-dessus de lui, prêt à l'abattre sur l'homme, quand, soudain, tout devint noir.

Quelques minutes plus tard, une douleur sourde et lancinante à la tête le réveilla. Il était allongé sur le pont, les mains et les pieds solidement liés par une corde. Des hommes s'agitaient autour de lui et criaient dans une langue qui lui était inconnue. Autour de lui, tous les membres de l'équipage, y compris Haziq et le capitaine, étaient agenouillés en ligne sur le pont, les mains attachées dans le dos.

Les pirates ne ressemblaient en rien à ce qu'il avait imaginé. Il avait toujours pensé qu'ils étaient des marins émérites très organisés. Or se pressaient sous ses yeux des hommes à l'aspect minable, dotés de grosses barbes et de longs cheveux non coupés, qui ressemblaient davantage à des paysans mal élevés et armés de couteaux.

C'étaient ces hommes que les navires romains capturaient avant de les ramener en ville pour les juger et les exécuter. C'étaient ces hommes qui mouraient dans d'atroces souffrances sur les croix qu'il gardait, en haut de la colline. Il avait entendu dire que la Crète était une île remplie de pirates et il pensa qu'ils devaient approcher de leur destination.

En poussant avec sa tête sur le pont, il réussit à se mettre à genoux. L'un des corsaires hurlait des ordres à ses hommes, qui ouvraient les sacs et les tonneaux après les avoir remontés de la cale, avant de charger leur butin sur leur bateau. L'équipage d'Haziq gardait le silence. Certains hommes saignaient, mais Félix procéda rapidement à un décompte et il fut soulagé de voir que personne ne manquait à l'appel.

L'homme qui donnait des ordres semblait être le chef du clan. Quand il vit Félix bouger et se redresser, il fonça sur lui. Le garçon tremblait de tous ses membres.

Le pirate se pencha sur lui, il saisit les boucles de ses cheveux et plaqua une dague sous la gorge du garçon. Il lui posa une question, mais Félix ne le comprenait pas. L'homme s'énervait et semblait répéter son interrogation en boucle, en pressant sa lame contre le cou de Félix, qui sentit le tranchant pénétrer légèrement sa chair et le sang perler sur sa poitrine. Le pirate hurlait sur le garçon, qui ne pouvait que hocher la tête sans le comprendre jusqu'à lever ses yeux vers l'homme. Le pirate plongea son regard dans celui du garçon pendant ce qui lui sembla être une éternité.

Son visage était buriné par le soleil et sa barbe folle ne parvenait pas à dissimuler la profonde cicatrice qui barrait tout le côté de son visage.

Félix pensa regarder la mort en face. *C'est la fin*, se dit-il.

Mais la dague quitta brusquement sa gorge. Le pirate se leva et repartit vers son navire, continuant de regarder fixement Félix. Il intima un dernier ordre à ses hommes, qui détachèrent leurs grappins et sautèrent par-dessus le bastingage. Aussi rapidement qu'ils avaient surgi, ils disparurent dans la nuit noire. Manquant de perdre connaissance, Félix s'effondra, ventre à terre.

Quelques hommes parvinrent à détacher leurs entraves, avant de libérer les autres. Haziq vint délivrer le garçon.

« Est-ce que tout va bien ? lui demanda-t-il. Tu as pris un coup de gourdin à l'arrière du crâne... J'ai cru que tu étais mort ! Ce que tu as fait est très courageux. Leur assaut a été si rapide. Ne les avais-tu pas vus venir ? » Il parlait très vite, mais sa voix était douce.

Une grosse partie de la cargaison d'Haziq avait disparu parce qu'il s'était endormi, et Félix n'en revenait pas de voir l'homme davantage soulagé que fâché contre lui.

En bougeant la tête, Félix ressentit une douleur vive, puis il sentit une grosse bosse à l'arrière de son crâne. La dernière chose dont il se souvenait était d'avoir levé son glaive au-dessus du pirate et il se demandait maintenant s'il aurait eu le cran de l'abattre sur ce dernier s'il n'avait pas été assommé.

Félix s'interrogeait. Il avait vu la mort de si près, mais sa vie avait finalement été épargnée. Pourquoi ? Pour quelle raison ? Le pirate avait-il vu quelque chose dans ses yeux qui l'avait dissuadé de le tuer ?

Haziq l'aida à se lever, mais ses jambes tremblaient encore. Ils commencèrent à rassembler les objets épars et à dresser l'inventaire de ce qui restait. Ils avaient compté seulement onze assaillants, qui avaient su profiter de l'effet de surprise de leur attaque et du manque d'entraînement militaire de l'équipage d'Haziq pour prendre facilement leur navire à l'abordage. Tandis que les membres d'équipage indemnes s'occupaient des blessés, Félix s'assit à nouveau, totalement hébété.

À l'est, dans un ciel dégagé, le soleil levant éclairait le dessous des nuages et les colorait d'un rouge ardent.

Félix avait puisé de l'eau de mer avec un seau et il se rinçait l'arrière du crâne et sa gorge ensanglantée.

Haziq était assis sur un tonneau à l'arrière du bateau, en train d'allumer sa pipe avec un morceau de charbon ardent. Le garçon vint se poser à côté de lui, la tête et le regard rivés vers le bas. Il était fautif de ne pas avoir averti l'équipage de l'arrivée des pirates. S'il ne s'était pas assoupi, rien de tout cela ne serait arrivé.

Haziq commença à tirer sur sa pipe, puis il s'adressa à Félix, laissant échapper de la fumée de sa bouche : « Leur vaisseau est beaucoup plus rapide que le mien. Nous n'avions aucune chance de leur échapper. Ils auraient, de toutes les façons, fini par nous rattraper. » Félix eut alors l'étrange impression que l'homme pouvait lire dans ses pensées.

« Ils ont tout pris, sauf mes carnets, enchaîna-t-il. S'ils avaient été sages, ils auraient su le trésor et la promesse d'aventure que recèle ce paquet de feuilles vierges. Ces sots n'ont rien compris et n'y ont vu que du vide ! Qui sait, ils ont peut-être été effrayés par le travail que représente l'écriture ? » ajouta-t-il d'un ton moqueur. Ils étaient côte à côte et fixaient du regard la ligne sombre sur laquelle les nuages et la mer fusionnent à l'horizon.

« Lorsque nous arriverons à Phoenix, nous signalerons l'incident aux autorités, mais nous terminerons notre périple jusqu'à Jérusalem et je commercialiserai mes carnets sur les marchés du monde. Ce que nous venons de vivre est, pour moi, un nouveau présage. C'est le signe que je dois continuer. Les marchandises que je transportais au cours de ce voyage étaient les dernières pièces de mon stock. Au cours de ma vie, j'ai amassé plus d'or qu'il n'en faut. Je possède de nombreuses écuries, mes maisons sont remplies d'ouvriers, mes champs produisent en abondance et mon âme s'est délectée des plaisirs de la vie. Toutes les choses ont une fin et une nouvelle vie ne peut commencer sans que l'ancienne n'arrive à son terme. » Haziq jeta un coup d'œil au garçon, qui comprit alors qu'il parlait de lui.

Il poursuivit : « Les hommes sont stupides, car ils abordent chaque jour comme s'il leur était dû. Ils repoussent les choses en pensant : "Attendons demain pour commencer." Mais seuls les imbéciles attendent le lendemain. Ils élaborent des plans pour connaître un grand avenir, dont ils parlent avec des yeux rêveurs, mais ils ne font absolument rien pour y arriver. Ces hommes sont telle une vache dans un pré. Elle mange, tête baissée, ce qu'elle trouve devant elle et elle s'en satisfait. Pourtant, à la lisière du champ, le fermier l'attend debout, hache en main, prêt à la dépecer. »

Il tira une longue bouffée sur sa pipe. Ils étaient assis face à la poupe du navire, qui voguait vers l'est, le soleil levant dans leur dos. La lumière naissante chassait peu à peu l'obscurité, comme pour signifier à la nuit que son temps était écoulé.

« Nous craignons la mort car nous savons au plus profond de nous-mêmes que *nous n'avons pas encore vécu*. Le temps est un menteur rusé, qui nous trompe en poussant le Soleil à se lever le matin et la Lune à briller le soir, si bien que nous croyons que nous vivrons toujours un autre jour. Toutefois, l'Univers nous avertit à travers les rides qui craquellent nos visages et les douleurs qui parcourent nos os que notre temps va finir par être écoulé. Ce soir, je n'ai pas eu peur de la mort. J'ai seulement craint de ne pas avoir donné à ce monde autant que je lui ai pris. J'ai craint de n'avoir utilisé les principes qui m'ont été enseignés qu'à des fins égoïstes. »

Il saisit alors l'épaule du garçon et continua : « Je crains de ne pas avoir de nouvelle chance, si je continue à enfouir la sagesse qui m'a été donnée. Un jour, mon maître reviendra et il me demandera ce que j'ai fait de ce qui m'avait été accordé. Or, jusqu'à présent, je l'ai gardé pour moi. Il faut toujours *vivre en gardant la fin à l'esprit*. Il faut se rappeler que nos jours sont comptés, au risque d'être victimes du mensonge. Pour réaliser son objectif et créer la vie qu'il désire, l'homme doit pouvoir se visualiser à la fin de ses jours. Fort de cette perspective, il doit ensuite s'efforcer de façonner dès à présent cette vie-là.

J'ai vécu toute ma vie avec ce principe, mais aujourd'hui, je me rappelle que j'ai *à mon tour* oublié de vivre en ayant la fin à l'esprit. »

Le garçon finit par rejoindre sa couche, mais, contrairement à la fatigue qui l'avait assailli plus tôt dans la soirée, il ne parvint pas à trouver le sommeil. Il prit le carnet, il l'ouvrit à la deuxième page et écrivit tout en haut : *« Vivre en gardant la fin à l'esprit ».*

Il repensa alors au pirate et à sa lame sur sa gorge. Ce n'étaient ni le mal ni la colère qu'il avait vus dans les yeux de cette brute, mais le désespoir. La parabole d'Haziq s'appliquait à lui. Ce pirate était comme la vache. Il n'œuvrait pas pour réaliser ses désirs, mais préférait aller à la facilité. Cet homme ne vivait pas en pensant à la fin et cette existence allait le mener sur la croix.

Félix avait autrefois eu une vision claire de ce que serait sa vie, mais ce rêve s'était évanoui avec les paroles du général et il s'était alors destiné à la vie de mendiant. Dans son esprit, il pensait avoir tiré la mauvaise carte et croyait son avenir tout tracé. Jusqu'à présent, en tout cas.

Deuxième leçon

« Vivre en gardant la fin à l'esprit »

Je vais vivre en gardant la fin à l'esprit.

J'évaluerai où j'en suis aujourd'hui et cela révélera où se situera ma fin.

La route que j'emprunte actuellement ne mène qu'à une seule destination. Si cette destination ne me convient pas, il ne tient qu'à moi d'emprunter un autre chemin et de façonner mon destin. À défaut, je devrai accepter mon sort. Je ne peux pas et je ne veux pas me contenter de souhaiter un changement tout en continuant à marcher dans la mauvaise direction.

Mon avenir ne changera pas par magie. Si je désire changer de destination, je dois commencer par voyager dans le temps et visualiser le jour de ma mort. Je dois déterminer comment je voudrais que ce jour se passe et ce que j'aimerais que les autres disent de moi. D'ailleurs, que diront-ils de moi ? Le monde sera-t-il en deuil ou continuera-t-il à tourner sans ciller ? Ai-je bien vécu ? Ma vie a-t-elle servi à quelque chose ? Ai-je mené une existence ordinaire… ou bien extraordinaire ?

Je vivrai en pensant à la fin et, ce faisant, je ne m'égarerai pas. Dès lors que je serai perdu et fatigué, je m'arrêterai et regarderai devant moi. Je renouvellerai mes forces et continuerai à avancer sur la route.

En gardant toujours la fin à l'esprit, les échecs d'hier ne peuvent pas m'arrêter aujourd'hui.

Enfin, lorsque la mort viendra frapper à ma porte, j'ouvrirai volontiers cette dernière et je l'inviterai à entrer, car je saurai alors que j'ai vraiment vécu.

Je dois vivre en ayant la fin à l'esprit.

CHAPITRE 5

« En toutes choses, sois empreint de gratitude »

Le jeune homme savait qu'Haziq ne craignait pas la mort, mais qu'il souhaitait que sa vie serve à quelque chose pendant le temps qu'il lui restait à vivre. Peu de choses semblaient le tracasser et cela intriguait énormément Félix.

Haziq évoquait souvent un Dieu, qu'il appelait son « Maître ». Dès qu'il en parlait, Félix redoublait d'efforts et l'écoutait attentivement pour le comprendre.

À Rome, les gens vénéraient de nombreux dieux dans des temples qu'ils avaient érigés en leur honneur, mais Félix n'avait jamais voulu s'y rendre. Il considérait la foi comme une béquille assez instable. Lorsque la vie leur était favorable, ces croyants vénéraient les divinités, mais lorsque la chance leur faisait défaut, ils les maudissaient.

On avait souvent dit à Félix que c'étaient les dieux qui l'avaient privé du don de la parole et il estimait qu'il n'avait ni à les remercier ni à les maudire pour cela. Au fond, ils avaient fait ce qu'ils voulaient et lui était en droit de décider qu'ils n'avaient besoin de rien venant de lui.

La relation qu'entretenait Haziq avec son Dieu était différente. L'homme priait et rendait grâce avant chaque repas. Il priait en se levant le matin et en se couchant le soir. Il l'avait remercié après l'attaque des pirates et même pour les biens qu'il avait perdus. Rien ne semblait l'ébranler. C'était comme s'il vivait dans une autre dimension que tous ceux qui l'entouraient.

« Il voit ce que nous faisons ici, dit Haziq à Félix. Et il ne souhaite de mal à aucun d'entre nous. C'est nous, les hommes, qui sommes à l'origine de la souffrance du monde. Nous volons et nous tuons autrui pour obtenir des choses matérielles que Lui a mises à notre disposition. Il nous suffirait de suivre les principes qui nous ont été enseignés et nous pourrions tout recevoir gratuitement. Pourtant, nous manquons de foi et nous nous accrochons à tout ce qui est matériel, par peur de manquer. Mais penser au manque attire le manque et penser à l'abondance attire l'abondance. »

Félix aimait la sagesse qui émanait de l'homme. Il avait rarement passé autant de temps avec une personne plus âgée que lui et il se demandait si avoir un père ressemblait à cela. Toute sa vie, il avait été assailli par des questions existentielles, mais n'avait personne à qui les poser.

Pourquoi les gens qui ont une famille et un toit pour vivre ont-ils encore parfois l'air tristes ?

Pourquoi les gens se plaignent-ils et occupent-ils des emplois qu'ils détestent, sans rien faire pour en changer ?

De quoi les gens ont-ils peur ?

« Pour prospérer, poursuivit Haziq, nous devons travailler main dans la main avec ce qu'Il nous donne, c'est-à-dire avec les choses qui nous gouvernent et avec ce qui nous arrive. Sans Lui, nous ne pouvons pas réussir. Sans Lui, nous ne pouvons pas réussir. Tout ce qui compose la nature, même les rochers, répond à son murmure. »

Haziq usa à nouveau de paraboles : « Toutes les graines ont besoin des trois mêmes ingrédients pour pousser – du soleil, de la terre et de l'eau –, mais elles produisent ensuite des fruits dont la couleur, la forme et le goût varient. Pour que le fermier puisse réaliser sa récolte, il doit d'abord élever la graine vers le ciel et rendre grâce pour les fruits que la graine lui donnera, en ayant la foi que ce qu'il demande se réalisera. C'est Dieu qui insuffle le pouvoir magique pour faire germer la graine. Sans son souffle, la graine ne produirait rien. »

Haziq plongea alors son regard dans celui de Félix, qui comprit qu'il était sur le point de partager avec lui une leçon et qu'il devait l'écouter très attentivement pour enregistrer ses mots. « Tu dois apprendre à dire *merci* pour toutes les choses de ta vie, mon garçon, dit Haziq. Merci aux grandes comme aux petites choses, aux bonnes comme aux mauvaises, merci pour le passé et l'avenir, pour ta vie et pour ta mort. Lorsque tu désires une chose, il te suffit de rendre grâce comme si tu l'avais déjà et elle se réalisera. »

La voix d'Haziq se fit alors plus forte : « Même les hommes mauvais prospèrent dès lors qu'ils apprennent le principe de la gratitude. Lorsque tu rends grâce pour la santé que tu n'as pas encore, l'Univers te répond par la santé. Lorsque tu rends grâce pour la richesse que tu ne possèdes pas encore, l'Univers te répond par la richesse. Un jour, les hommes découvriront que la gratitude change l'intérieur de notre esprit et de notre corps. *En toutes choses, sois empreint de gratitude.* »

Félix n'avait jamais rendu grâce à l'Univers, aux dieux vénérés par son peuple, et encore moins au Dieu d'Haziq.

Mais si Haziq disait vrai, alors pourquoi Dieu ne l'avait-Il pas gratifié du don de parole ? En quoi devait-il dire merci à Dieu, lui qui endurait une malédiction qui l'empêchait de faire quelque chose de sa vie ? Pourquoi avoir fait de lui un muet doublé d'un orphelin ?

Ces questions teintées d'amertume étaient le lot quotidien de Félix. Il se comparait aux autres garçons et rencontrait rarement quelqu'un avec une situation pire que la sienne. Après tout, s'il avait dû abandonner sa vie à Rome, quitter la jeune femme qu'il aimait et renoncer à ses projets, ce n'était pas sa faute, mais plutôt celle des circonstances misérables qui l'accablaient.

Cependant, le garçon avait remarqué que les hommes se plaignaient en toutes circonstances. Les gardes qui faisaient le guet avec lui à Rome se plaignaient, le personnel à l'orphelinat se plaignait et même les commerçants et les clients au marché se lamentaient. Au fond, personne ne semblait avoir l'argent, la maison ou la femme qu'il désirait.

Entendre cela le mettait généralement en colère, car il était prêt à tout donner pour échanger sa place avec la leur. Mais Haziq avait sans doute raison en affirmant que la faute de l'homme était de croire que les autres étaient toujours mieux lotis que lui.

Aurait-il encore des raisons de se plaindre s'il était en mesure de parler ? S'il avait des parents, une famille et une vie normale, désirerait-il autre chose ? Il voyait souvent des mendiants, dans la rue, à qui il manquait un bras ou une jambe. Certains étaient aveugles et d'autres sourds, mais – contrairement à lui – leurs handicaps étaient bien visibles.

Lorsqu'il passait devant eux, debout et solidement campé sur ses deux jambes, les bras chargés de victuailles, slalomant entre les charrettes et les étals avec dextérité, peut-être que ces derniers le considéraient avec envie et désiraient échanger leur place avec la sienne. Peut-être incarnait-il, à leurs yeux, un râleur ingrat englué dans sa propre misère.

Une fois de plus, Haziq avait raison et Félix commençait à comprendre qu'il avait beaucoup de raisons d'être reconnaissant.

***

Le cri d'un homme d'équipage tira Félix de la sieste qu'il avait entamée sur le taud. « Crète en vue ! » Enfin, ils atteignaient leur destination, après plusieurs semaines sans voir la terre ferme. La silhouette de l'île et de ses reliefs se dessinait, gigantesque, dans le ciel du soir tel un mirage. De prime abord, les collines rocailleuses et sèches semblaient désertes, mais quand le navire fut plus près de la côte, Félix aperçut une ville nichée sous la montagne.

Au fur et à mesure de leur approche, il aperçut des torches qui bordaient les eaux. Phoenix était une petite ville à l'abri du vent, protégée de part et d'autre par des collines et dont le port longeait un bras de mer. Le navire accosta en douceur, réveillant une volée de mouettes qui s'élancèrent en maugréant, et les hommes attachèrent les amarres pour la soirée. Certains quittèrent sans tarder le navire pour se rendre en ville. Haziq, Félix et quelques autres hommes préféraient rester à bord pour la nuit, car ils se levaient tôt le lendemain.

Le garçon resta assis un moment à contempler la ville paisible. La nuit tombait et les flammes des torches scintillaient le long des quais et dans les ruelles. Les mouettes s'étaient tues et il n'entendait plus que les grincements de la coque en bois et le clapotis des vagues. Deux pêcheurs arrivèrent au port à bord d'une petite embarcation qu'ils vinrent amarrer juste devant leur navire.

Le nom *Masir* était peint sur le flanc du bateau d'Haziq. Il lui avait expliqué que cela signifiait « le chemin » en arabe. Un nom tout à fait approprié, car ce voyage avait déraciné Félix, en l'emmenant loin de chez lui, mais ce chemin, il l'avait emprunté de son plein gré.

Voilà encore une bonne raison d'éprouver de la gratitude. Ils étaient arrivés jusqu'ici sains et saufs et ils s'apprêtaient à reprendre la mer, dans quelques jours, pour atteindre leur destination finale.

Comme s'il avait retenu son souffle pendant tout ce voyage, Félix ressentit le besoin de souffler profondément. Chaque nuit, il avait tenté de chasser les pensées et les peurs du danger qui l'assaillaient, mais depuis l'attaque des pirates, tout l'équipage vivait dans l'angoisse, et la tension à bord était contagieuse et palpable.

Il leva les yeux. Le ciel nocturne était clair et il scintillait de millions d'étoiles semblables à de petites bougies. Il tendit la main dans leur direction et parla dans sa tête.

Merci.

Il prit alors son livre et l'ouvrit à la troisième page.

Troisième leçon

« En toutes choses, sois empreint de gratitude »

En toutes choses, je serai empreint de gratitude.
Grâce à mes jambes, je marche. Avec mes mains, je saisis et tiens les choses. Avec mes yeux, je vois. Avec mes oreilles, j'entends. Avec mon esprit, je pense. Avec mon cœur, je vis. Avec mes poumons, je respire.
Dès que je commencerai à me plaindre, je ferai le décompte de toutes les aubaines dont je bénéficie et je les écrirai sur ma manche afin de ne jamais les oublier. Lorsque je me réveillerai le matin, je lèverai les mains au ciel et dirai : « Merci ! Un jour de vie en plus. »
Si je manque de quelque chose, je n'ai qu'à le réclamer. Et quand je demanderai quelque chose, je ferai comme si c'était déjà en ma possession et je dirai : « Merci. »
Dans ma peine, je chercherai des raisons d'être reconnaissant, et dans ma joie, je rendrai grâce.
En toutes choses, je serai empreint de gratitude.

CHAPITRE 6

« Chaque jour, donne un peu plus de toi-même »

« Debout, mon garçon, il est l'heure ! » dit Haziq en secouant Félix. Deux hommes d'équipage, les yeux injectés de sang et l'haleine chargée d'alcool, se joignirent à eux pour atteindre le quai.

Ils marchèrent dans des ruelles étroites où la vie grouillait. Tant de monde allait et venait que Félix se demanda si les gens dormaient sur cette île. Les hommes charriaient leurs lourds filets de pêche jusqu'aux quais et préparaient leurs embarcations pour la journée. Des charrettes tirées par des ânes croulaient sous le poids des sacs de céréales que l'on descendait des navires ayant assuré leur livraison, avant d'être vendus puis transférés sur d'autres navires en quête de provisions.

Malgré le plaisir de la découverte, Félix était fatigué et aurait bien poursuivi sa nuit, si l'homme ne l'avait pas tiré de son sommeil profond. Il ne rêvait que d'une chose : retrouver sa paillasse sur le navire.

La nuit précédente, il n'avait dormi que quelques heures, tant il était excité de cette première partie de leur voyage. Il avait réalisé à quel point il avait été sous tension pendant cette traversée. Depuis leur départ, il n'avait cessé d'être anxieux. Il n'avait pas l'habitude d'être constamment entouré et préoccupé par les possibles attaques, car si les pirates frappaient à nouveau, il ne serait peut-être pas aussi chanceux.

À l'orphelinat, il était livré à lui-même, sauf à l'heure des repas où tous les enfants se réunissaient en grandes tablées. Il avait conscience que la plupart des enfants supposaient de lui qu'il était sourd et muet, si bien qu'ils ne prenaient jamais la peine de lui parler. Il en avait pris son parti et ne s'efforçait en rien de communiquer avec eux. En grandissant, il avait appris à vivre seul et s'en était accommodé.

En revanche, sur le bateau, les choses étaient très différentes. Peu d'hommes se connaissaient avant leur départ, mais quelques jours avaient suffi pour qu'ils fassent connaissance. En montant à bord du *Masir*, Félix avait sauté dans le grand bain de la vie.

Il s'était soudain retrouvé dans un monde d'adultes, entouré d'hommes avec qui il travaillait et partageait ses repas. Au début, ce changement brutal lui avait un peu coûté. Il avait tenté de garder ses distances, redoutant le moment où les autres s'adresseraient à lui, réaliseraient qu'il était différent et le rejetteraient.

Mais en dehors de sa vigie escarpée, Félix n'avait nulle part où se cacher. Il était obligé de se plier à la routine quotidienne de l'équipage.

Au cours de ces dernières semaines de voyage, Félix était devenu un homme. Il était désormais traité comme tel et il aimait cela. Avant même qu'on ne le sollicite, il prêtait toujours main-forte à quiconque. Il surpassait les autres membres de l'équipage et, bientôt, il devint indispensable et on le cherchait pour déplacer la cargaison ou œuvrer dans la chaleur de la cale.

Jamais auparavant il n'avait eu l'occasion de faire étalage de sa force et il saisissait aujourd'hui toutes les occasions possibles pour démontrer qu'il méritait sa place à bord. Il avait même réussi à surprendre Haziq, pourtant connu pour son stoïcisme et son naturel taciturne. Il avait affiché sa surprise en laissant remonter ses sourcils jusqu'à la racine de ses cheveux quand il avait vu le garçon émerger d'un vide sanitaire du vaisseau, le visage cramoisi et dégoulinant de sueur, en ayant devancé les ordres du capitaine et bitumé de son propre chef le fond du navire pour en assurer l'étanchéité.

Il était aussi fort et capable que tous les hommes à bord et il savait désormais le prouver.

***

Les quatre hommes passèrent la matinée à transporter des fournitures du village jusqu'aux docks et à la passerelle menant au vaisseau. Haziq voulait assurer les commandes les plus urgentes qui leur avaient été dérobées lors de l'attaque. Il avait laissé le garçon et les deux hommes d'équipage à leur tâche et sillonnait la ville à la rencontre des vendeurs locaux.

Il était midi lorsqu'ils chargèrent les derniers et très nombreux achats d'Haziq sur le navire. Ce dernier leur offrit leur après-midi et Félix décida de partir en direction de l'est. Il traversa le village, puis il emprunta le chemin de terre qui longeait le rivage. Il observait le ressac des vagues contre les rochers et avançait dans les embruns salés. Arrivé à un virage, il commença à gravir la falaise rocheuse.

Au sommet, il put s'asseoir au bord de la falaise et admirer la vue sur la mer, balançant ses pieds dans le vide. La scène lui rappelait les collines qui surplombaient Rome et qu'il escaladait souvent. Il ne comptait plus les jours passés là-haut à rêver de prospérité.

Félix observa ses mains. Elles étaient couvertes d'ampoules après cette matinée de travail, passée à charrier des sacs et de lourds fagots attachés par une ficelle rugueuse qui s'enfonçait dans la chair de ses paumes. Il avait des mains d'homme.

Cela le fit sourire.

Si Haziq pouvait m'apprendre à gagner ne serait-ce qu'une petite somme d'argent, je la réinvestirais dans mes propres champs. Je pourrais planter plusieurs rangées d'oliviers et m'occuper de la terre, après avoir ôté tous les cailloux et labouré la terre. Je saurais les planter et les entretenir tout seul.

Le garçon prit une grande inspiration et il ferma les yeux. La brise fraîche emplit ses poumons et, pour la première fois, l'anxiété et la peur cédèrent leur place à la possibilité d'un avenir qui fit battre le cœur du garçon. Sans doute pouvait-il vraiment devenir l'homme qu'il rêvait d'être. Il aimait ce sentiment, la sensation d'être vivant et utile au monde. Il comprit alors que son rêve ne l'avait jamais quitté, mais que c'est lui et lui seul qui l'avait abandonné.

De retour sur le *Masir*, Félix commençait à préparer sa couche pour la nuit quand l'un des hommes d'équipage cria son nom depuis le quai : « Félix, lève-toi et viens avec nous ! »

Tous étaient invités par un fournisseur chez qui Haziq avait acheté du vin.

Il leur fallut près d'une heure de marche pour atteindre le domaine, qui surplombait la ville. Un grand portail ponctuait un mur d'enceinte de la taille du garçon. Ils le franchirent et suivirent le sentier, qui était bordé de part et d'autre par de grands cyprès. Devant l'entrée de la maison, des torches brûlaient pour éclairer la façade qui avait des allures de palais.

D'autres hommes, déjà attablés dans le patio arrière, étaient occupés à ripailler devant une pléthore de viandes, de légumes et de fruits. De grands plateaux étaient dressés de poissons, de gros morceaux d'agneau et agrémentés çà et là de grosses grappes de raisin. Les tables regorgeaient de vaisselle d'argent et les verres étaient tous remplis de vin. Félix fut immédiatement saisi d'émerveillement en découvrant les hauts plafonds et les épais piliers qui constituaient l'architecture de la maison.

Lorsqu'il lui avait acheté du vin, Haziq avait montré son objet insolite à leur hôte et ils avaient conclu un marché. Le négociant en vin était un excellent vendeur et il lui avait commandé un grand nombre de carnets. Haziq allait devoir employer du monde pour les préparer et les envoyer à Phoenix dans les mois à venir.

Haziq expliquait tout cela à voix basse à Félix, qui était médusé par cette commande passée avant même d'avoir lancé la production des carnets. Il était fou de joie pour Haziq et il lui tendit la main pour le féliciter avant de prendre place au bout de la table, face à leur hôte.

Le reste de l'équipage s'était désolidarisé d'eux. Ils parlaient fort et se délectaient du vin qui coulait à flots sous l'œil de plusieurs serviteurs, employés à tourner dans la salle toute la nuit pour veiller à ce que les coupes soient toujours pleines.

Félix avait rarement bu dans sa vie. Sa consommation se limitait aux outres bon marché qu'il achetait sur le marché de Rome, mais le vin qu'il dégustait ce soir était différent. Celui-ci était délicieux et puissant.

Ce breuvage est digne d'un empereur, se surprit-il à penser.

À chaque gorgée, il sentait le nectar couler le long de sa gorge et de sa poitrine dans une ardente chaleur avant d'atteindre son estomac.

Il ne lui fallut pas longtemps pour que le vin lui monte à la tête. L'assemblée parlait et riait fort, et le garçon riait sans raison. À sa grande surprise, il vit le riche marchand et Haziq glousser aux blagues salaces des convives et échanger quelques grivoiseries. Les clameurs des convives éméchés étaient projetées du haut de la colline et résonnaient au loin.

Le banquet avait été dressé dehors sur des briques et seule une treille garnie de vigne vierge les abritait de l'immensité du ciel. Félix pouvait apercevoir les étoiles à travers le feuillage. Elles étaient aussi luisantes et scintillantes que la nuit précédente. À côté d'eux, un serviteur veillait à l'entretien du feu qui crépitait dans un trou et dont la lueur des flammes projetait leurs ombres sur les collines et les faisait danser.

Lorsque les conversations se turent, Haziq leva son calice.

« Dieu a veillé sur nous pendant notre voyage, déclara-t-il. Il veillera sur nous pendant la suite de notre périple. J'ai perdu beaucoup dans l'attaque que nous avons subie, mais nos vies ont été épargnées. C'est le plus important. »

Tous les hommes levèrent leur verre en signe d'adhésion.

Il poursuivit : « Levons notre verre à la vie... et trinquons en l'honneur de Félix qui a eu le cran d'écraser sa torche sur le visage de ce pauvre pirate ! » Les hommes éclatèrent de rire et applaudirent, tandis qu'Haziq assénait une grande tape amicale dans le dos du garçon, manquant de faire tomber le vin qu'il tenait dans sa main.

Félix sourit et les convives reprirent le cours de leur bruyante beuverie, tentant de surenchérir sur l'histoire que leur voisin venait de raconter.

Les hommes remercièrent le propriétaire des lieux pour son hospitalité, puis reprirent cahin-caha le chemin du retour. Haziq et Félix fermaient la marche.

« Tu as appris, au cours de ce voyage, un principe que je n'aurais pas su t'enseigner moi-même, lui dit-il. Je n'ai jamais vu quelqu'un d'aussi désireux de travailler que toi et tu mérites grandement ta place sur le navire. »

Il poursuivit : « La plupart des hommes attendent qu'une occasion se présente avant de se mettre au travail. Pourtant, le labeur doit être entamé bien avant qu'une possibilité se dessine. En effet, la chance choisit judicieusement les personnes qu'elle bénit. Elle sait déceler ceux qui s'appliquent à leur tâche. Certains hommes attendent d'un feu qu'il les réchauffe, avant même de l'avoir ravivé. Or il convient de commencer par mettre du bois dans l'âtre avant que les flammes ne dégagent de la chaleur. Regarde-moi... J'ai créé ce carnet, mais je n'entrevois que maintenant un avenir pour ce projet. Si j'avais gardé cette idée jalousement dans ma tête, je ne l'aurais jamais fabriqué et encore moins vendu ! Après avoir tout perdu dans l'attaque, j'aurais pu considérer mon voyage comme étant vain. Mais la vérité est tout autre. Aujourd'hui, j'ai noué avec toi une amitié qui vaut beaucoup plus que toutes les pièces d'or que j'aurais pu en tirer.

« Les hommes doivent apprendre à *donner chaque jour un peu plus d'eux-mêmes que jamais ils ne l'ont fait auparavant*, ajouta-t-il en appuyant sur ces derniers mots. Si tu continues à aborder chaque jour comme tu l'as fait au cours de ce voyage, tu connaîtras forcément la prospérité. »

Haziq marqua une pause et leva les yeux vers le ciel. D'épais nuages arrivaient pour cacher les étoiles. « On dirait que des problèmes nous attendent, demain matin. Bonne nuit, mon garçon », conclut-il.

De retour sur le bateau, Félix alluma une torche, puis il ouvrit son carnet à la quatrième page pour y consigner la dernière leçon reçue.

Quatrième leçon

« Chaque jour, donne un peu plus de toi-même »

Chaque jour, je donnerai un peu plus de moi-même.
Chaque matin, je me lèverai avant que le soleil n'ait terminé sa nuit et quand il se lèvera, il me trouvera à ma tâche et il éclairera mon ouvrage.
Je ne resterai pas oisif à attendre que la chance se manifeste, car elle passe son chemin devant un homme paresseux. Je travaillerai dur et elle avancera vers moi. Je ne la provoquerai pas ni ne la bousculerai, car j'ai foi dans le fait qu'elle arrivera jusqu'à moi.
Chaque jour, je donnerai un peu plus de moi-même.
Je ne me préoccuperai pas du travail ou du salaire des autres et je ne comparerai pas la difficulté de mon labeur au leur. Je m'attellerai aux choses que les autres évitent ou repoussent aujourd'hui, afin de recevoir demain ce dont ils ne font que rêver. Je ferai plus que ce pour quoi je suis rémunéré et bientôt je serai payé pour plus que ce que je fais.
Je ne jugerai pas mon travail, qu'il soit important ou insignifiant, car je fournirai toujours le meilleur de moi-même.
Chaque jour, je donnerai un peu plus de moi-même.

CHAPITRE 7

« Ne blâme personne d'autre que toi-même »

Une pluie violente s'abattait sur eux depuis un moment et un torrent d'eau glacée balayait les pieds nus du garçon avant de glisser sur le pont pour basculer par-dessus le bord. Le bruit causé par les lourdes gouttes d'eau heurtant le bois du navire imitait celui d'une horde de chevaux au galop. Tout l'équipage était mobilisé pour attacher solidement les voiles que le vent fouettait sans répit.

Félix réalisa qu'il avait été sage de prêter attention à la manière dont les hommes manipulaient les voiles quand le temps était clément, car il pouvait aujourd'hui leur prêter main-forte. Le capitaine hurlait ses commandes et il lui aurait été impossible d'apprendre ces manœuvres dans des conditions aussi chaotiques.

Le bateau était enfin paré pour affronter la tempête et il ne leur restait plus qu'à attendre et tenir bon.

Tant bien que mal, Félix réussit à rester debout en s'agrippant au bastingage, le temps de reprendre son souffle.

À chaque descente du navire dans le creux d'une vague, les embruns salés lui éclaboussaient le visage et il serrait le garde-corps avec encore plus de force.

Ils n'avaient jamais été aussi loin de Rome et, maintenant qu'ils mettaient cap vers le sud pour voguer en direction de Césarée, la distance se creusait avec sa vie d'avant.

Félix pensait à Licinia. Il aurait aimé que la jeune fille puisse voir le véritable marin qu'il était devenu. Nul doute qu'elle serait grandement impressionnée. Elle n'avait connu de lui que le jeune garçon frustré et solitaire, dont la différence avec les autres invitait à la pitié. Il se souvenait qu'il appréciait sa compagnie plus que tout au monde, tout comme il se rappelait la honte qu'il avait éprouvée en grandissant.

Alors que les images de cette époque défilaient dans son esprit, Félix se mit à rougir. Licinia était à ses côtés chaque fois qu'il avait été rejeté par de possibles employeurs. C'était elle qui parlementait avec les commerçants et les personnes officielles, elle encore qui affrontait ceux qui le toisaient du regard alors qu'il se tenait devant eux et tirait nerveusement sur le col de sa tunique pour cacher son malaise. Toutes ces expériences avaient été tellement humiliantes pour lui qu'il avait toujours fini par laisser tomber.

Un jour, elle avait réussi à lui trouver du travail. Elle était revenue du marché et lui avait parlé d'un homme qui avait besoin de son aide, mais il avait refusé par fierté. Rétrospectivement, il regrettait maintenant d'avoir capitulé si vite alors qu'elle faisait tout pour l'aider.

C'est alors que les différentes leçons défilèrent dans son esprit. Si seulement il avait su à l'époque ce qu'il savait aujourd'hui, les choses auraient été bien différentes.

Alors qu'il contemplait les vagues qui se fracassaient successivement sur la coque, il réalisa l'étreinte nerveuse de ses mains sur le bastingage et il comprit que ce n'était pas la tempête qui le rendait nerveux, mais plutôt la frustration qu'il éprouvait à l'égard de son passé. Confiné jour après jour dans cet espace restreint, il ne pouvait échapper à ses propres pensées.

Il blâmait les dieux pour sa condition. Il blâmait sa mère de l'avoir abandonné quand il n'était encore qu'un nourrisson. Il blâmait l'armée romaine de l'avoir banni. Il blâmait tout le monde de l'avoir empêché de réaliser son rêve.

En seulement quelques jours sur ce navire, il avait su prouver qu'il était l'égal de n'importe quel homme, alors pourquoi les autres ne l'avaient-ils pas vu plutôt ? Pourquoi lui avait-il fallu tout quitter pour prouver enfin sa valeur ? Si les autres avaient fait preuve d'un peu moins d'ignorance et lui avaient laissé sa chance, peut-être aurait-il pu mener une vie normale...

Cette nuit-là, Félix fit un songe étrange.

Dans son rêve, il tenait son carnet sur son cœur et était entouré d'une foule immense. L'assistance attendait impatiemment qu'il prenne la parole, mais il éprouvait une terreur familière et malgré ses tentatives pour parler, ses lèvres et sa bouche restaient immobiles. Il essaya en vain de les faire bouger, mais il vit la foule, peu à peu, se disperser. Au bout d'un moment, plus qu'un seul homme se tenait devant lui. L'homme avait les cheveux ébouriffés et une barbe épaisse. Ses pieds nus étaient maculés de poussière. L'homme s'approcha et s'arrêta juste devant lui. Il le fixa dans les yeux pendant de longues minutes et Félix plongea son regard dans le sien, sentant sa peur s'estomper.

Cet homme avait l'air d'un pauvre vagabond, mais ses yeux sombres semblaient sonder l'âme du garçon et ce regard empreint d'une profonde compassion fit monter les larmes aux yeux de Félix, qui éclata en sanglots. Dans son rêve, il eut l'impression que sa douleur était enfin comprise. C'est alors que, sans dire un mot, l'homme tendit la main vers sa bouche. Ses doigts renfermaient un charbon ardent qui toucha ses lèvres muettes. Sous le feu de la brûlure, Félix recula et s'écria : « Qui êtes-vous ? »

***

« Patrouille en vue ! » cria un homme d'équipage, faisant bondir Félix de sa couche. Il ne cessait de penser à son rêve. Qui sait ? L'homme qu'il avait vu était peut-être son père. D'autres orphelins avaient évoqué des rêves dans lesquels ils voyaient leurs parents qu'ils n'avaient pourtant jamais connus, mais Félix n'avait jamais rêvé d'eux. En revanche, il avait souvent songé qu'il parlait, mais l'expérience qu'il venait de vivre était si claire qu'elle en devenait perturbante. Qu'est-ce que cela signifiait ?

Il grimpa sur le pont supérieur et chercha l'équipage du regard. Un grand patrouilleur romain, deux fois plus grand que le *Masir*, s'était arrimé à côté d'eux et un officier romain criait des ordres. Félix et le reste de l'équipage se précipitèrent pour tirer la voile afin d'arrêter le navire.

Félix était soulagé de constater qu'il ne s'agissait pas d'une nouvelle attaque et heureux de voir un vaisseau battre pavillon romain. Le patrouilleur se trouvait maintenant juste à côté de leur embarcation et les mêmes grappins que les corsaires furent jetés par les Romains par-dessus le bastingage pour attacher les deux bateaux l'un à l'autre.

Un centurion intima à dix soldats d'emprunter une passerelle pour descendre sur leur navire et de le fouiller. Les patrouilles romaines visitaient systématiquement les embarcations qu'elles rencontraient, car les attaques de pirates et de rebelles se multipliaient.

Haziq avait prévenu Félix que cela arriverait et il soufflait actuellement aux hommes de ne pas s'inquiéter.

Faisant fi des chuchotements d'Haziq, l'officier ordonna la fouille du *Masir* et les soldats s'exécutèrent sans perdre de temps. Le garçon remarqua alors l'état de la patrouille romaine. Tant l'embarcation militaire que les hommes semblaient épuisés. La coque de l'imposant navire portait les stigmates de nombreux combats et de gros morceaux avaient été arrachés de la coque avant d'être grossièrement recollés. Les militaires eux aussi avaient dû souvent se battre, comme en témoignaient les profondes entailles et les bosses sur leurs plastrons et leurs uniformes usés.

Alors qu'ils sillonnaient le navire, ouvrant chaque sacoche et chaque tonneau, leur regard fatigué laissait entendre qu'ils n'avaient aucune envie d'être amicaux avec eux.

Ça, ce sont de vrais soldats ! pensa Félix, tandis qu'il se remémorait les centurions de Rome, gros et pâles, dans des uniformes flambant neufs et rutilants.

Si j'avais pu m'engager dans l'armée, c'est avec des hommes de cette trempe que je voudrais être pour servir mon pays et protéger ma patrie, et non avec ces tire-au-flanc de Rome !

Il se souvint alors du centurion qui l'avait violemment tancé sur la colline, le traitant d'imbécile, et il éprouva un sentiment de dégoût.

Un soldat remonta du pont inférieur et vint parler à voix basse à l'officier. Écoutant ce dernier, l'officier balaya le bateau du regard avant d'ordonner dans un cri à l'équipage du *Masir* de se mettre en ligne le long du bastingage. « Que se passe-t-il ? » demanda Haziq, sans obtenir de réponse. Les soldats les poussèrent à se mettre rapidement en rang et les surveillèrent.

Le centurion qui venait de s'entretenir avec l'officier s'approcha d'eux. En voyant l'homme avancer, et en comprenant ce qu'il tenait dans les mains, Félix sentit son sang se glacer. Il arborait son paquetage, duquel dépassait le glaive que l'armée lui avait confié.

L'officier examina l'épée, puis il s'approcha d'eux et les dévisagea un à un. Le garçon avait la gorge sèche et ne parvenait plus à déglutir, car il connaissait les exécutions que l'on réservait aux déserteurs comme lui. Comment expliquer à ces hommes la raison pour laquelle il possédait cette arme ? Comment faire en sorte d'être cru par cet officier sans pouvoir s'exprimer ?

Le général se tourna vers Haziq pour lui demander : « À qui appartient ce glaive ? » L'homme fixa la lame à double tranchant et sa poignée en cuir strié sans répondre.

« Il y a un déserteur à bord de ce navire », lança le général en regardant Félix. Il était le seul homme imberbe à bord et il ne ressemblait probablement pas à un marin ordinaire. Ses compagnons d'équipage étaient des hommes rudes à la peau sombre, qui, comme Haziq, laissaient entendre qu'ils provenaient de l'hémisphère Sud. Par opposition, le garçon à la peau blanche était forcément le seul citoyen romain parmi l'équipe.

Quelle bêtise de ne pas avoir restitué cette arme !

Haziq jeta un rapide coup d'œil dans la direction de Félix et leurs regards se croisèrent. Au moment où le garçon s'apprêtait à sortir du rang pour se dénoncer, Haziq lança : « C'est à moi ! Il m'a été offert en cadeau à Rome. »

Ignorant Haziq et sa déclaration, le général s'avança jusqu'à Félix.

« Toi, comment t'appelles-tu ? » lui demanda-t-il. Félix gesticula nerveusement en désignant maladroitement sa bouche.

« Il est muet », dit l'un des membres de l'équipage. Les yeux cernés du général scrutèrent le jeune homme et la crinière de cheval cramoisie, accrochée au sommet de son casque romain, s'agitait dans le vent. Au bout d'un moment, sans lâcher Félix du regard, il tendit le glaive à Haziq pour le lui rendre.

« Dommage ! Un garçon fort comme toi aurait fait un merveilleux soldat », dit-il à Félix avant de se retourner brusquement, dans un claquement de cape carmin sur ses larges épaules, et de retourner en direction de son navire.

La patrouille fouilla leur bateau de fond en comble sans rien trouver, puis elle regagna le leur.

Toutes voiles dehors, le *Masir* put alors reprendre sa route, bénéficiant d'un vent de sud-est.

« As-tu déserté ? » demanda Haziq dans un froncement de sourcils, en tendant un papier à Félix.

Ils venaient de terminer leur repas et ils étaient tous deux assis dans la cabine. Félix lui répondit par écrit. *Le glaive est celui qui m'avait été confié alors que j'officiais comme garde. Je ne l'ai jamais rendu. Ils ne m'ont pas laissé rejoindre les rangs de l'armée. Ils m'ont dit que je serais un poids pour eux. C'est ce que j'ai été toute ma vie, un fardeau pour la société.*

Haziq ne réagit pas en lisant ces mots.

Il sortit une outre aux armoiries du riche marchand de Phoenix et Félix comprit qu'elle contenait un grand nectar. Haziq se versa une rasade de vin et il remplit une autre timbale pour le jeune homme.

Ils burent en silence, dans la pénombre de leur cabine, éclairée par la faible lueur de la bougie accrochée au mur.

Haziq finit par prendre la parole : « Lorsqu'un homme blâme quelqu'un ou quelque chose pour ses échecs, il perd la capacité de contrôler sa vie. Tant qu'il continuera à blâmer les autres ou les circonstances, sa vie restera la même. S'il souhaite voir sa situation changer, il doit d'abord reconnaître qu'il y participe et ce n'est qu'alors qu'il aura la clarté nécessaire pour entamer une transformation. Il est jusque-là aveugle au chemin qui mène au changement. En effet, comment peut-on réparer une chose cassée si l'on ne reconnaît pas qu'elle est cassée ? Et si la situation dans laquelle il se trouve ne relève pas de sa responsabilité, que peut-il faire d'autre que de chercher à s'en sortir ? Si le bateau est en train de couler et que l'équipage ne veut pas périr, il doit accepter la réalité du naufrage et prendre la décision de le réparer ou de le quitter. Si l'équipage commence à se faire mutuellement des reproches, à blâmer le navire pour sa piètre résistance ou à se lamenter de l'eau qui infiltre la cale, il ne fait aucun doute qu'il finira par périr. En pareil cas, les hommes à bord doivent trouver un moyen de survivre, sans s'accuser les uns les autres. » Haziq adressait une nouvelle leçon à Félix.

« Débrouille-toi avec ta *kara* », jura l'homme en arabe. Le garçon avait entendu ce mot à maintes reprises sur le bateau et il savait qu'il signifiait ni plus ni moins la « merde ».

« Que tu me dises la vérité ou non n'a pas d'importance. La seule chose qui compte vraiment est que tu cesses de blâmer tout le monde pour la place que tu occupes dans cette vie. Tu as ton chemin à suivre et tes actes ne relèvent pas de la responsabilité d'une circonstance ou d'une personne. Vois les choses en face, accepte-les et va de l'avant. Ce n'est qu'à ce moment-là que tu pourras voir clairement le chemin qui te mènera vers une vie extraordinaire », ajouta Haziq avant de sortir sa pipe et de l'allumer à la flamme de la bougie.

Des idées contradictoires se bousculaient dans l'esprit de Félix. Depuis si longtemps, tout le monde l'avait traité si injustement, alors quelle part de responsabilité lui incombait ? Il était incapable de parler !

« Regarde les hommes à bord de ce navire, poursuivit Haziq. Si je le leur demandais, jamais au grand jamais ils n'admettraient leurs propres échecs. Chacun de ces hommes est capable d'accomplir tout ce qu'il désire et la plupart d'entre eux préféreraient sûrement être auprès de leur famille, mais ils sont ici à travailler jour et nuit, le regard fixé sur cette mer sans fin. En revanche, si je venais à leur demander pourquoi ils n'ont pas su s'extraire de leur condition laborieuse, ils me donneraient une longue liste de personnes et de circonstances à blâmer. Ils blâmeraient Dieu, la chance qui leur fait défaut, les occasions qui ne se sont pas présentées, sans oublier les autres, mais jamais ils ne pointeraient du doigt le vrai problème qui réside en eux. Toi, mon garçon, tu n'as pas besoin d'être comme eux. Abandonne cette pensée obsolète selon laquelle tout est *contre* toi et considère plutôt que les choses se déroulent *pour* toi, car c'est tout simplement la façon dont tu réagis à chaque circonstance qui détermine ton succès ou ton échec. Dès que tu reconnaîtras que tu es le seul à faire obstacle à une vie extraordinaire, tu laisseras l'ordinaire derrière toi. Le fait de blâmer ne fait que retarder le progrès.

Haziq se leva et poursuivit : « Lorsque je n'étais encore qu'un jeune homme, j'ai laissé passer de nombreux jours en pointant du doigt dans toutes les directions, sauf dans la mienne. J'étais le roi des excuses et la seule chose que je maîtrisais vraiment était une remarquable propension à trouver des coupables pour tout. Or nous avons le choix entre justifier nos limites ou apprendre à les dépasser. »

Félix avait en effet su se rendre utile sur le bateau. Aurait-il pu trouver le moyen de prospérer chez lui, s'il n'avait pas blâmé les circonstances pour ses échecs ?

Haziq prit congé du garçon et rejoignit sa cabine pour la nuit, et Félix grimpa à son poste sur le pont supérieur.

Il ouvrit son carnet à la cinquième page et commença à écrire.

Cinquième leçon

« Ne blâme personne d'autre que toi-même »

Si mon orgueil, ma colère ou ma paresse m'empêchent de saisir une opportunité, je ne blâmerai personne d'autre que moi-même.

Si je travaille jusqu'à un âge avancé, au point que mes mains et mes pieds sont épuisés, je ne blâmerai personne d'autre que moi-même.

Si ma sacoche ne résonne pas au son de l'or, je ne blâmerai personne d'autre que moi-même.

Si la construction de ma maison ne voit jamais le jour et que mes champs restent infertiles, je ne blâmerai personne d'autre que moi-même.

Si mes relations échouent, je ne blâmerai personne d'autre que moi-même.

Si je suis confronté à une difficulté et que je refuse d'y faire face, je ne blâmerai personne d'autre que moi-même.

Lorsque je ferai le bilan de ma vie et que certaines choses me feront honte, je ne blâmerai personne d'autre que moi-même.

Je suis le seul à pouvoir créer mon bonheur et si ce dernier m'échappe, je ne blâmerai personne d'autre que moi-même.

Je me félicite de mes succès, mais si j'échoue et que j'ai envie de me lamenter, je ne blâmerai personne d'autre que moi-même.

CHAPITRE 8

« Développe un désir ardent »

L**orsque le garçon était monté** pour la première fois à bord du navire, il avait pour unique objectif de mettre le plus de distance possible entre lui et Rome. La solitude qu'il avait éprouvée lors de son dernier tour de garde sur la colline avait été plus forte que tout ce qu'il pouvait endurer. Sa vie avait alors perdu toute saveur et il était comme engourdi, passant ses journées dans une sorte de transe où tout commençait à se confondre.

Il avait préféré disparaître plutôt que de laisser Licinia assister à d'autres de ses échecs et le voir verser dans la mendicité. Désormais, la douleur de ne jamais la revoir était atténuée par son désir de changer. *Peut-être...* Il se disait que, peut-être, il subsistait une chance que les choses s'arrangent pour lui, mais il était certain que cela n'arriverait pas à Rome.

Quelques jours plus tôt, Haziq lui avait expliqué un autre principe qu'il ne s'était pas empressé d'écrire tout de suite, contrairement aux autres leçons immédiatement consignées dans son carnet.

« Si ton désir ne consume pas ton esprit, c'est qu'il n'est pas assez fort, lui avait-il confié. Il ne suffit pas de souhaiter quelque chose et d'espérer qu'un jour elle tombe du ciel, mais il te faut souffrir pour l'obtenir. Sans l'objet de ton désir, tu dois te sentir vide et tu dois le désirer tellement que tu peux le visualiser chaque fois que tu fermes les yeux. Si ce désir brûle à l'intérieur de ton ventre et que c'est la première chose à laquelle tu penses en te réveillant ou la dernière que tu visualises quand ta tête touche l'oreiller, alors c'est un désir ardent. S'il brûle vraiment à l'intérieur de ton cœur, alors tout l'Univers conspirera pour te l'apporter et le déposer à tes pieds. Il est impossible qu'il en soit autrement, car c'est une loi de ce monde. »

Il avait compris cette notion de désir depuis longtemps. Cependant, sa vision d'une terre dans les collines, couverte d'oliviers – ce qu'Haziq appelait un *désir ardent* –, s'était réduite à une maigre flamme, qui avait fini par s'éteindre dans un filet de fumée, à la manière d'une bougie qui s'est consumée. Comme il avait déjà ressenti ce qu'était un désir ardent, Félix n'avait pas été surpris par cette leçon.

Haziq avait évoqué une époque où ses propres aspirations n'étaient que des vœux pieux. Il espérait, mais ce n'étaient que des souhaits futiles, et ce n'est que lorsque ces vœux se sont transformés en flamme, puis cette flamme en un désir ardent, qu'il avait pu enfin connaître le succès.

Félix repensa à ses visions d'oliveraies sur la colline au nord de la ville et de la maison qu'il posséderait, surplombant les arbres et offrant une vue panoramique sur Rome. Tout ce qu'il faisait alors était alimenté par son intention d'y parvenir. Mais au fur et à mesure que les oppositions s'étaient accumulées contre lui, son rêve avait commencé à s'évanouir.

« Sans une vision claire et un désir ardent de la voir se manifester, un homme ne réalise rien de grand, car il abandonne à la première difficulté rencontrée, avait ajouté Haziq, comme s'il lisait à nouveau dans les pensées du jeune homme.

« Le désir ardent de voir sa vision se manifester poussera l'homme à franchir tous les obstacles, en lui insufflant une foi inédite, qui le poussera, quoi qu'il arrive, à persévérer. »

Haziq avait poursuivi : « Je voulais devenir riche et offrir à ma famille la liberté que je souhaitais pour moi-même. J'ai souvent rêvé que ce serait formidable et, pourtant, je n'ai rien fait pour vendre plus et accumuler davantage d'or. Je gagnais assez et j'avais juste assez. Ce n'est que lorsque la vision de mon rêve a commencé à m'habiter plus souvent, au point de ne plus dormir, que j'ai commencé à chercher une meilleure voie. Cela m'a donné une faim sans pareille et m'a permis de me lancer dans des combats que je n'aurais jamais eu le courage de mener auparavant. »

Les deux hommes avaient partagé cette conversation sur le pont, en se tenant fermement au bastingage car le navire affrontait une mer agitée, dévalant puis gravissant successivement les imposantes vagues qu'il passait.

« C'est la seule force de mon désir qui m'a porté jusqu'ici. Tu dois créer une vision propre, qui se transformera rapidement en un fantôme venant te hanter jour et nuit jusqu'à ce que ton désir se réalise. Tous les grands hommes de ce monde sont mus par des désirs qui les poussent à dépasser les limites des compétences ou des capacités que Dieu leur a données. Si tu nourris un désir ardent pour une chose, tu te mets sur un pied d'égalité avec n'importe quel autre homme, quel que soit ce qui te fait défaut. L'Univers trouvera toujours le moyen de te l'apporter, du moment que tu le désires vraiment. C'est le prérequis pour vivre une vie extraordinaire. »

Ce soir-là, Félix réarrangea les sacs de céréales empilés sur le pont, puis il se glissa entre eux, car ils le protégeaient du vent constant et lui offraient un coussin confortable.

Il pensa à ce qu'il désirait le plus et ce fut à nouveau l'image des oliveraies qui pénétra dans son esprit. Il n'y avait rien au monde qu'il désirait plus que de passer ses journées dans son propre verger, à s'occuper du sol avant de semer, à laisser courir la terre entre ses doigts, à prendre soin des arbres et à récolter les fruits.

Il se laissa aller à l'imagination.

Il imaginait qu'en plantant chaque graine, il s'adressait à elle pour lui dire d'être patiente. Il lui expliquait que son heure viendrait et que, quel que soit le temps que cela prendrait, elle offrirait au monde une abondance de fruits. Le verger le plus dense produirait plus de fruits que n'importe quel autre arbre du pays. Ses oliviers occuperaient une colline entière, dont ils couvriraient tous les versants et on s'arracherait ses olives dans le monde entier. Il disposerait d'un navire semblable au *Masir* pour transporter ses olives à travers les pays.

Le jeune homme se tenait dans la brise, les yeux fermés, quand un regain d'espoir l'envahit. Il n'avait pas écrit ce principe dans son carnet parce qu'il luttait contre la peur. Il craignait de laisser la flamme se consumer comme avant. Que lui arriverait-il s'il échouait à nouveau ? Mais, lentement, il commença à se soumettre à l'idée, à la laisser s'installer…

Je ne sais pas comment, je ne sais pas où, et je ne sais pas quand, se dit-il en son for intérieur, *mais quoi qu'il en coûte, je travaillerai jusqu'à ce que je possède ma propre oliveraie.*

Il alla trouver Haziq, qui était en train de lire dans la cabine, se tint au-dessus de lui et lui glissa un papier sur sa table. L'homme le regarda un moment avant de lire à haute voix ce qui y était écrit : *« J'ai enregistré toutes les leçons dont vous avez parlé jusqu'à présent et j'ai un désir qui ne faiblira plus jamais. Vous avez évoqué le moment où vous avez réalisé votre désir. Si vous voulez bien continuer à m'enseigner ces choses, je suis prêt à poursuivre mon apprentissage. »*

Un rare sourire se dessina sur le visage de l'homme. « Si tu as enregistré ce que j'ai enseigné, dit-il, alors tu as déjà fait bien plus de chemin que la plupart des hommes ! Beaucoup connaissent ces principes, mais peu les mettent en pratique. Montre de la diligence et fais en sorte que ces principes deviennent une part intégrante de ton être. Nous verrons alors si tu portes véritablement un désir ardent dans ton cœur », dit Haziq en tapotant la poitrine du jeune homme avec la paume de sa main.

Ce jour-là, Félix parvint à garder l'image active dans son esprit et il se rendit compte que chaque fois qu'il imaginait sa terre, sa maison et les innombrables rangées d'oliviers, Licinia était toujours là.

Si ce que je désire doit venir à moi, alors Licinia me reviendra, se dit-il.

Il ignorait comment cela serait possible, car elle était peut-être déjà mariée à quelqu'un d'autre... Mais il repoussa rapidement ces pensées, car il ne pouvait pas laisser le doute s'installer s'il voulait conserver une vision claire de son rêve. Un jour, il la reverrait. Point. Il en était certain.

Sixième leçon

« Développe un désir ardent »

Je dois nourrir un désir ardent pour une chose si je veux la réaliser. Un souhait est simplement un souhait, qui finira par devenir un vœu pieux.

Si je souhaite transformer mon désir en une chose que je possède, je dois avoir un désir ardent pour cette chose.

En me levant le matin et en me couchant le soir, je créerai dans mon esprit une image de ce que je souhaite. Je le sentirai, je le goûterai, je l'entendrai et je lui parlerai jusqu'à ce que mon désir devienne ma réalité.

J'attiserai la maigre flamme de cette idée jusqu'à ce qu'elle éclate en un feu rugissant, qui chasse l'obscurité de mes jours en baignant ma vie de lumière.

Lorsque mon désir n'est encore qu'à l'état de petite flamme, je n'en parlerai pas aux autres, afin qu'ils ne l'éteignent pas de leurs mots. Ce n'est que lorsqu'il brûlera ardemment, au point qu'aucun océan ne pourrait l'éteindre, que je ne craindrai plus de le partager avec autrui.

Tout homme qui me parle ne connaîtra pas nécessairement mon désir, mais il verra dans mes yeux une flamme briller du plus profond de mon âme et il ne voudra pas se mettre en travers de ce feu, qui incarne mon désir.

Les milliards d'humains qui m'ont précédé et les milliards d'êtres qui me suivront souhaiteront quelque chose, mais peu d'entre eux auront compris le pouvoir magnétique d'un désir ardent.

Beaucoup souhaitent une chose, mais peu l'obtiennent, car pour obtenir ce dont on rêve, il faut le désirer ardemment.

Je dois avoir désiré ardemment tout ce que je veux atteindre.

CHAPITRE 9

« Tu dois agir »

Q**uand le *Masir* arriva** à Césarée, des hordes de mouettes criaient et décrivaient des cercles dans le ciel, avant de s'abattre sur les poissons étalés le long des quais. De grands navires avaient accosté et des centaines de marins, d'esclaves et de locaux se pressaient autour des vaisseaux pour les décharger et les charger. L'équipage veillait à éviter les petites embarcations en manœuvrant le bateau en direction de la ville.

Celui-ci était clos par un mur d'enceinte qui plongeait dans l'eau. Seule une petite ouverture, suffisamment large pour laisser les navires entrer et sortir, permit au *Masir* de pénétrer dans le port de Césarée.

Félix utilisa les cordes des voiles pour se hisser et attacher ses pieds au mât. Il grimpa en s'accrochant au poteau de bois jusqu'à ce qu'il soit près du sommet. De là-haut, il pouvait voir l'amphithéâtre romain de la ville, avec ses piliers massifs ciselés, qui se dressait fièrement au-dessus des bâtiments plus petits.

Comme l'avait expliqué Haziq, Césarée était un village insignifiant jusqu'à ce que le roi Hérode comprenne l'avantage qu'offrait son port et construise tout autour cette ville qu'il avait nommée en l'honneur de César Auguste. On la surnommait « la petite Rome ».

Le garçon rejoignit Haziq dans la cabine. L'homme était allongé et ne semblait pas pressé de quitter le navire. « Je vais chercher des chameaux et des bâts pour le voyage jusqu'à Jérusalem. Il nous faudra trois jours de marche à partir de Césarée, que nous quitterons après-demain. »

Il regarda le jeune homme et ajouta : « Tu peux partir, maintenant, si tu le souhaites, mon garçon. Ton aide m'a jusqu'ici été précieuse et j'aurais à nouveau besoin de tes services pour ce voyage. Libre à toi de décider si cela te tente, mais sache que je te paierai pour ton travail. »

Sans la moindre hésitation, Félix hocha vivement la tête en signe d'accord. Pas question pour lui de se séparer de l'homme qui avait su le transformer en seulement quelques semaines. Il voulait rester à son contact et percer à jour son secret de l'abondance. Il désirait devenir, comme lui, un grand négociant. Haziq sourit et tendit sa main à Félix, qui la saisit pour sceller le contrat.

La ville portuaire semblait être le point de convergence d'hommes et de femmes venus de tous horizons. En découvrant ce melting-pot, Félix s'interrogea sur l'origine des personnes qu'il croisait. À en juger par leurs vêtements, certains devaient venir de contrées dont il n'avait jamais entendu parler. Il y avait des hommes et des femmes à la peau noire, vêtus de robes multicolores. D'autres portaient des peaux d'animaux et arboraient aussi des dents et des ossements autour du cou. D'autres encore étaient presque nus, leurs organes génitaux à peine recouverts de tissus fins.

Les chameaux, les ânes et les charrettes envahissaient les rues, accompagnant les gens qui s'affairaient dans la ville. Partout dans Césarée, la présence de l'armée romaine était palpable.

« Ils rencontrent ici beaucoup de problèmes avec les rebelles, expliqua Haziq. La plupart des Juifs n'aiment pas l'occupation romaine et certains expriment violemment leur mécontentement. La situation est parfois pire à Jérusalem. »

Cela rassura Félix, qui avait craint d'être un Romain dans un pays hostile. Toutefois, si Jérusalem comptait autant de soldats de Césarée, il n'avait aucun souci à se faire.

Ils tournèrent au premier embranchement et empruntèrent une artère totalement bondée. C'était un tel enchevêtrement de tentes, de tables et de stands qu'ils durent se frayer un chemin à travers la foule. La rue était prise d'assaut par le marché et le garçon s'émerveilla de ce chaos. Les poulets caquetaient et les chèvres bêlaient. D'énormes pièces de viande pendaient jusqu'au sol et les étals regorgeaient de fruits et d'épices. Tout autour, d'autres échoppes encore proposaient à la vente des robes et des vêtements, des tapis et même des bijoux.

À Rome aussi, il s'en souvenait, les marchands exposaient leurs marchandises à la vue des passants, mais les rues restaient la plupart du temps dégagées, et si certaines personnes se montraient trop turbulentes, les soldats les expulsaient sans sommation. Ici, personne ne semblait s'inquiéter du chaos qui régnait dans les rues.

« Ces hommes ont un petit esprit, lui dit Haziq, en désignant les vendeurs sur le marché. Ils s'installent à un endroit et se contentent des clients qui viennent les y trouver. J'ai commencé sur ces mêmes marchés, mais dès que j'ai eu suffisamment d'argent, j'ai acheté encore plus de marchandises et suis parti vendre mes robes dans les grandes villes que je trouvais sur ma route. J'ai multiplié les ventes et trouvé des revendeurs. J'ai cessé toutes les activités qui me prenaient trop de temps ou me faisaient gagner trop peu, afin de ne fournir que les meilleurs commerçants. » Ils passèrent alors devant un marchand de sandales, quand Haziq s'arrêta. « Je n'étais pas plus sage que ces hommes, vois-tu. Beaucoup nourrissent de grands rêves, mais la plupart d'entre eux ne quitteront jamais le confort de ces rues familières. La seule chose qui me différencie d'eux, c'est que j'ai préféré l'action à l'inaction. À ton tour de choisir. Tu peux te fondre dans la masse et rester à rêvasser, sans jamais atteindre tes objectifs, ou bien agir. Voilà ce que tu dois apprendre. Tu as le choix entre passer à l'action ou rejoindre la masse de ceux qui se contentent de rêver, mais qui n'arrivent jamais là où ils veulent se rendre. »

Haziq se tourna vers le vendeur et commença à s'exprimer dans sa langue. Pendant qu'ils devisaient, Félix s'empressa de fouiller dans la besace qu'il portait en bandoulière et dans laquelle il avait rangé son carnet. Debout, au milieu de la rue animée, il l'ouvrit à la page blanche suivante.

Tout en haut, il écrivit *: « Je dois agir. »*

Il trouverait plus tard le temps d'écrire, lorsqu'il serait loin de l'agitation de la ville, mais il ne voulait pas oublier ce principe.

Quand il sortit de l'échoppe, Haziq tenait une paire de sandales neuves qu'il plaqua sur la poitrine du jeune homme, qui le regarda avec surprise.

« Pour toi, lui dit-il. Nous allons entreprendre une longue marche d'ici quelques jours et je doute que tes chaussures tiennent jusqu'à demain », ajouta-t-il en désignant les pieds de Félix et ses sandales usées, qui laissaient entrevoir le bout de ses orteils. Haziq avait pris soin de lui pendant tout le voyage et Félix voulait absolument trouver un moyen de lui rendre la pareille.

Je n'accepterai pas l'intégralité de la solde qu'il me versera. Je commencerai à le rétribuer pour tout ce qu'il m'a offert et m'acquitterai intégralement de la dette que j'ai envers lui, se dit le jeune homme.

Il n'aimait pas recevoir des choses de l'homme. Il n'aimait pas qu'on lui fasse l'aumône. L'orphelinat recevait de nombreux dons : vêtements, sandales, vivres, sur lesquels les autres orphelins se ruaient tout le temps, mais pas lui.

La nuit tombée, ils arrivèrent à une étable où Haziq loua un chameau et un âne pour tirer la charrette et transporter leurs provisions pendant le voyage à venir. Sur le chemin du retour, ils traversèrent la ville, qui avait fini par s'endormir.

Lorsque les deux hommes arrivèrent au bateau avec les animaux, l'équipage était déjà sur le pont pour préparer leur cargaison. Tout était prêt pour leur périple jusqu'à Jérusalem. Un voyage que seuls Haziq et Félix entreprendraient, pendant que les autres attendraient leur retour sur le navire.

Ils traversèrent à nouveau la ville jusqu'à la porte sud et continuèrent sur la route sombre. Le cliquetis des roues de la charrette et le claquement des sabots de l'âne sur les grosses pierres plates étaient les seuls sons qui résonnaient dans l'obscurité. Bientôt, la route très fréquentée laissa place à un sentier désert en terre battue.

Ils marchèrent en silence pendant des heures, sous une Lune qui se cachait et un ciel qui commençait à s'éclaircir. Félix portait une grande écharpe par-dessus sa tunique habituelle qu'il avait plaquée autour de sa poitrine. Ses bras étaient nus, mais il n'avait pas froid, car il s'était habitué à la fraîcheur de la nuit en dormant sur le navire et il ne se couvrait que pour se réchauffer.

Il repensa à ce qu'avait dit Haziq au marché, en évoquant ces gens qui n'ont de cesse de parler de grandes choses sans jamais passer à l'action.

Au fil de leur avancée, les pensées de Félix se faisaient de plus en plus sarcastiques.

La seule mesure que j'ai rapidement prise a été d'abandonner. Face à la difficulté, je n'hésite pas à agir, mais je vais dans le sens opposé.

Désormais, chaque fois qu'une occasion se présentera à moi, quelle que soit l'ampleur de la peur à laquelle je serai confronté, je ferai tout ce qui est en mon pouvoir pour la saisir.

***

Le Soleil trônait au-dessus de leurs têtes, tandis que la route commençait à serpenter en direction des montagnes dentelées. De chaque côté, la vallée s'étendait au loin et les pâturages secs qui la composaient donnaient l'illusion d'une mer jaune qui dansait au gré du vent. Le chemin rocailleux rendait la marche difficile. Les cuisses du jeune homme le brûlaient à mesure qu'il s'enfonçait dans les collines et, à chaque virage, le chemin semblait de plus en plus escarpé. Il avait l'habitude de marcher tous les jours pour rentrer chez lui, mais cette montée incessante le fatiguait.

Sur leur gauche, la falaise plongeait brusquement dans le vide et Félix regarda vers le bas pour voir quelle serait la chute si l'on s'aventurait trop près du bord. Il profita de cette pause pour envelopper sa tête de son écharpe afin de la protéger des rayons du soleil. Haziq poursuivait son chemin en gardant le silence. Ils ne nouaient une conversation que lorsqu'ils s'arrêtaient pour manger. En marchant, tous deux respiraient fort et, de temps à autre, Haziq disait quelques mots au chameau pour le motiver, comme s'il le comprenait.

« Encore un peu, mon vieil ami », glissa-t-il à l'animal avant de poursuivre en direction de Félix : « Les chameaux s'arrêtent quand ils en ont assez, tandis que l'âne marche jusqu'à ce qu'il tombe raide mort. » Le jeune homme progressait derrière la charrette et il la poussait dès lors que la route était trop escarpée, afin de soulager le pauvre animal.

Ils venaient de prendre un grand virage quand Haziq siffla et tira sur la bride de l'âne pour l'arrêter. Un homme gisait nu sur le bord de la route.

Ils se précipitèrent vers le corps inerte. L'homme avait la tête et le visage en sang, et son corps était couvert d'ecchymoses. Les coups de soleil sur sa peau laissaient à penser qu'il était là depuis des heures. Seul un maigre souffle prouvait qu'il était encore vivant.

Haziq prit une outre et une jarre d'huile dans la carriole, puis il s'agenouilla à côté du blessé. Félix souleva sa tête et Haziq versa de l'eau dans sa bouche. L'homme s'étouffa dans un râle. Ses yeux enflés restèrent clos et il gémit lorsqu'ils tentèrent de l'asseoir. Haziq déchira des morceaux de tissu dans les bâches qui recouvraient leurs provisions. Après avoir versé du vin et de l'huile sur les plaies, il commença à panser chaque entaille qui saignait.

« Les bandits..., dit-il. Les collines en regorgent. Personne ne devrait voyager seul ici. Nous allons l'emmener et voir si nous pouvons trouver de l'aide dans le prochain village. »

Ils déplacèrent les marchandises dans la charrette afin d'y étendre une couverture sur laquelle ils déposèrent l'homme avec précaution, puis ils se remirent en route. Le garçon retira son foulard pour le poser sur le visage de l'homme. Alors qu'ils marchaient, un sentiment de malaise se mit à tenailler le jeune homme, si bien qu'il jetait régulièrement un coup d'œil latéral et scrutait la crête des collines, en redoutant d'y voir bouger quelque chose.

Il fit quelques pas en arrière afin de vérifier le corps mou ballotté par les tremblements de la carriole brinquebalante, dont les roues heurtaient des cailloux et plongeaient dans la terre.

C'est un pays sauvage, pensa-t-il.

Dans une contrée sauvage, il n'y a ni ordre ni loi. C'était un peu comme les mers lointaines où de rares patrouilles romaines passaient et où les voyageurs devaient se défendre par eux-mêmes. Félix avait enveloppé son glaive dans un tissu et l'avait suspendu dans son dos. Il savait que s'ils venaient à être attaqués, il s'en servirait. Il jouait avec la lanière de cuir qui passait sur son épaule et songeait à la mettre à sa taille.

La route commença enfin à descendre et, du haut de la falaise, ils aperçurent un petit village au loin.

Lorsqu'ils arrivèrent à l'auberge située à la lisière du village, Haziq héla l'aubergiste pour qu'il vienne s'occuper de la cargaison. Les trois hommes portèrent le blessé dans une chambre où ils le couchèrent sur un lit.

« Nous allons rester ici ce soir et nous reprendrons notre route demain matin », annonça Haziq avant de s'occuper de l'inconnu, aidé en cela par l'aubergiste. Rapidement, dans la soirée, il fut à nouveau en mesure de parler. Il leur raconta comment il avait été dévalisé, alors qu'il marchait dans les collines, et la façon dont les bandits l'avaient battu et dépouillé. Deux hommes, un prêtre et un lévite, étaient passés près de lui alors qu'il gisait là, à moitié inconscient, et aucun d'entre eux ne s'était arrêté.

Un peu plus tard, Haziq et Félix étaient assis dans le patio de l'auberge, qui ne comptait que quelques chambres et faisait face à la route qu'ils avaient empruntée ce jour et qu'ils suivraient à nouveau le lendemain. La pipe d'Haziq brillait dans l'obscurité chaque fois qu'il tirait dessus.

« Les hommes religieux me font bien rire, dit-il. Ils sont tellement déterminés dans leurs lois et leurs enseignements, et ils font tout pour les imposer aux autres. Cependant, ils ne les mettent pas en pratique lorsque l'occasion leur est donnée. On peut les comparer à tous les hommes qui parlent de sagesse mais ne vivent jamais sagement. "Aime Dieu et aime ton prochain comme toi-même", telle est la loi écrite pour eux par leur Dieu et le mien, mais ils laissent un homme battu à mort sur le bord de la route, sans doute parce qu'il n'était pas juif. »

Haziq venait de s'exprimer avec un certain dégoût dans sa voix et il tira une nouvelle bouffée de sa pipe.

« Mon prochain n'est ni juif, ni arabe, ni romain. Mon prochain, c'est l'humanité.

« Dieu n'honore pas ces hommes selon le sérieux avec lequel ils respectent ses lois. Ses lois sont les lois de l'Univers, destinées à être suivies par tous, à être appliquées par tous. Il n'a pas créé ces lois pour en faire un instrument de mesure, mais comme un exemple à suivre pour réussir à mener une vie extraordinaire. Nous vivons tous dans son monde et, même s'ils détestent l'entendre, mon Dieu est le même que celui qu'ils prétendent adorer. Il n'existe qu'un Dieu... Pourtant, ils seraient incapables de le reconnaître s'Il se tenait devant eux, dit Haziq, qui avait l'air plus troublé que jamais. Voilà ce que leur religion a fait. Les rêves, les idées et les principes que j'enseigne sont des bagatelles si on ne les met pas en pratique. »

Haziq se tourna vers le garçon : « Si tu veux réussir dans tous les aspects de ta vie, agis !

« Les hommes aiment se donner des airs de grands sages, en parlant de théologie et en évoquant des voies de Dieu, poursuivit-il. Mais Dieu choisit de marcher aux côtés de ceux qui recherchent une meilleure façon de vivre et qui œuvrent en ce sens. En effet, Dieu ne nous a-t-Il pas créés pour aimer, pour rire, pour trouver un sens à notre vie, un but à notre existence, pour puiser l'abondance et la joie dans la beauté simple de la vie que nous partageons ? »

Quelques heures plus tard, lorsque Félix s'enfonça dans la laine épaisse de son lit, il repensa à cet échange et se réjouit de l'instant douillet qu'il vivait. Cette couche était un paradis comparé au lit de camp rudimentaire qu'il occupait sur le bateau. À la lumière des bougies, il sortit son carnet et l'ouvrit à la septième page, sur laquelle il avait écrit quelques mots quand ils étaient au marché.

Septième leçon

« Tu dois agir »

Je ne dois pas seulement parler, je dois agir.
Aucun homme n'acquiert de l'or en se contentant d'en parler.
Aucun homme n'atteint la grandeur en se contentant d'en parler.
Aucun homme n'atteint son but en se contentant d'y penser.
Dans tout ce que je souhaite réaliser, que mes objectifs soient petits ou grands, je dois agir.
Je ne suis pas ce que je dis, je suis ce que je fais. Ce sont mes actions qui finissent par révéler qui je suis.
L'occasion se présente souvent et seuls ceux qui agissent récolteront les fruits de ses richesses.
Le monde est plein d'hommes qui parlent d'une chose ou qui enseignent une chose. Or c'est l'action vers cette chose qui rend cette dernière réelle. Le refus d'agir transforme cette chose en une idée. Mais si le monde semble construit sur des idées, il émane en réalité d'idées suivies d'actions.
Si je prétends vouloir une chose, je ne dois pas m'asseoir les bras croisés pour l'attendre, mais je dois agir.
Je ne dois pas me contenter de parler, je dois agir.

CHAPITRE 10

« N'aie de cesse de persévérer »

Les jambes endolories par le voyage de la veille, Félix se demandait s'il allait pouvoir endurer une nouvelle journée de marche. Il priait pour ne pas avoir à affronter un terrain aussi accidenté et pénible que la veille, déterminé à ne pas être le premier à s'arrêter pour faire une pause.

Ils attelèrent à nouveau l'âne à la charrette, puis Félix partit chercher le chameau dans l'écurie, derrière l'auberge. C'était un animal très doux, mais le jeune homme savait qu'il pouvait mordre. Il avait déjà assisté à une scène cocasse et avait compris combien cela pouvait être douloureux. Il fixa prudemment la lanière de cuir autour de la mâchoire de l'animal, comme il avait vu Haziq le faire.

En apercevant l'empreinte laissée par le chameau sur sa couche de foin propre et sec, Félix se dit que l'animal avait dû bien dormir et il imagina combien il serait doux de se recoucher dans la paille encore chaude du corps du chameau et profiter de quelques heures de plus de sommeil.

L'aubergiste était déjà levé. Il s'occupait d'attiser le feu dans la salle à manger. Haziq vint le trouver pour lui remettre quelques pièces et lui demander de s'occuper de l'homme blessé jusqu'à son rétablissement. Il lui expliqua qu'il s'arrêterait sur le chemin du retour vers Césarée pour s'acquitter de la somme qu'il estimerait juste pour la prise en charge du blessé. Félix admirait l'attention qu'Haziq portait à ce parfait étranger, car c'était la même qu'il lui avait témoignée à lui, le muet en fuite, avant de le prendre sous son aile depuis un mois.

La route qu'ils empruntèrent ce jour-là était désertique, mais après quelques kilomètres de marche, non loin d'un petit ruisseau, ils trouvèrent des palmiers qui poussaient dru et qui s'élançaient vers le ciel, et une herbe plus verte qu'il n'en avait jamais vue jonchait le sol. Comme chaque fois qu'ils tombaient sur une oasis, ils firent une halte pour que les animaux puissent s'abreuver. Le jeune plongea son visage dans l'eau froide, il ôta ses sandales et enfonça ses pieds nus dans l'herbe, pour sentir sa fraîcheur entre ses orteils.

Je parie que les oliviers poussent mieux dans ce pays que dans n'importe quel autre.

***

Bientôt, Félix put entrevoir l'énorme mur d'enceinte de la ville qui s'élevait au loin. Il avait été démoli et reconstruit maintes fois. D'ailleurs, les briques aux couleurs nuancées révélaient l'histoire de chaque reconstruction. Il aperçut le temple massif, dédié au dieu des Juifs, qui émergeait au milieu d'une mer de petites constructions en argile.

Le grincement incessant des roues de la charrette cessa quand ils atteignirent leur auberge, située en périphérie de la cité. L'après-midi touchait à sa fin et Haziq paya pour leur séjour, prêt à se retirer pour la nuit afin de récupérer de ce long voyage. Félix, mû par la curiosité, n'arrêtait pas de se retourner pour contempler les murailles, tandis qu'ils déchargeaient les animaux, avant de les nourrir et de les abreuver. Dès leur installation terminée, il prit congé d'Haziq et fila en direction de la ville.

Jérusalem était loin de ressembler à Rome et seuls les soldats postés au coin des rues indiquaient la mainmise romaine.

Le soir venait de tomber et la ville était très animée : caravanes, charrettes, ânes et chameaux franchissaient les portes en même temps que lui. Le coucher du soleil pressait les voyageurs fatigués à trouver un logement pour la nuit. Leurs pieds sales et leurs animaux agités laissaient entendre qu'eux aussi venaient d'achever un long voyage.

Félix savait que c'était ici qu'Haziq avait, jadis, entamé sa carrière de marchand. « Personne ne me connaissait à Jérusalem, si bien qu'il fut facile de ravaler la honte de mes premiers échecs en tant que piètre vendeur », lui avait-il confié.

Les hommes du temple déambulaient dans les rues de façon majestueuse. Ils se tenaient droits et portaient des habits qui paraissaient très étranges aux yeux du jeune homme. Leurs robes colorées descendaient jusqu'au sol et ils devaient les relever fréquemment pour les épargner de la poussière des rues. De grands chapeaux entourés de fils d'or étaient perchés sur leurs têtes et rebondissaient à chacun de leurs pas. Ces tenues l'étonnaient grandement et lui rappelaient celles des femmes de son pays.

Il gravit les marches jusqu'au mur qui entourait la ville à l'est, d'où il pouvait voir toute la terre par-delà les murailles. Il s'appuya sur les grandes briques d'argile, plissa les yeux et étira son cou autant que possible. Quelque chose attira son attention. Au loin, d'innombrables rangées d'arbres dessinaient des stries sur la colline. S'agissait-il d'une oliveraie comme il en rêvait ? Il devait en avoir le cœur net. Avec un large sourire, il décida que, dès qu'il aurait fini d'aider Haziq le jour suivant, il se dirigerait sans tarder dans cette direction.

Le lendemain matin, Haziq bouscula Félix qui dormait. « Aujourd'hui, tu vas apprendre à vendre, mon garçon », tonitrua l'homme alors qu'il peinait à se réveiller.

Dans l'obscurité de l'aube, Félix se hâta d'atteler l'âne à la charrette, impatient de découvrir les secrets de la prospérité d'Haziq.

« Je vais livrer les marchandises qui m'ont été commandées, quant à toi, tu te rendras au marché », déclara l'homme en tendant un carnet vierge à Félix. Le jeune homme était interdit. Peut-être n'avait-il pas bien entendu.

« Un carnet, enchaîna Haziq. Quel que soit le temps que cela prendra, ta mission consiste à vendre un carnet. » Le garçon, qui tenait le carnet à deux mains, perçut une sensation inconfortable en lui et pourtant très familière l'envahir. Un implacable sentiment de panique.

Haziq était censé lui apprendre comment vendre. Il devait lui enseigner toutes les astuces et les techniques qui lui permettaient de devenir, à son tour, un bon marchand, et pas le lâcher en pâture dans cet univers inconnu. Comment allait-il vendre cet objet sans aucune connaissance du commerce ? Et surtout, comment allait-il communiquer ? Il regarda l'homme en écarquillant ses yeux, comme pour le supplier de changer d'avis.

Haziq lui tendit un papier sur lequel il avait pris soin d'indiquer, en hébreu, le prix du carnet, ainsi que les instructions pour en commander d'autres.

Le garçon saisit la feuille et parcourut les quelques lignes qui la noircissaient. Il la retourna. Le verso était vierge.

Ils vont me poser des questions, c'est certain… Ils vont tous vouloir en savoir plus ! s'inquiétait le jeune homme.

« Certaines personnes ne seront pas d'accord avec ton prix, lui confia Haziq. Tu vas rencontrer des gens qui ne comprendront pas la valeur de ce que tu vends. D'autres auront besoin de ton produit, mais ils n'auront pas l'argent pour l'acheter. Poursuis ton chemin, passe à autre chose et cherche une autre personne. Il y a toujours un acheteur. Le tout est de persévérer. La persévérance est de loin la clé pour vendre. » Haziq donna une grande tape sur le dos de l'âne et partit en direction de la porte de la ville.

Félix se tenait sur le bord de la route, le carnet dans une main et la notice dans l'autre. Il resta là un moment, à regarder l'homme entrer dans la ville et se fondre dans la foule, puis il rentra avec nostalgie à l'auberge. L'idée d'approcher qui que ce soit tout seul pour représenter Haziq le terrifiait.

Quand Haziq reviendra, je pourrai lui dire que je n'ai pas eu de chance aujourd'hui… Mais il verra sans doute clair dans ce mensonge, tergiversait le jeune homme.

Et s'il ne tentait pas sa chance aujourd'hui, Haziq cesserait peut-être de lui enseigner ses principes. Il avait vu la confiance qu'il lui portait s'accroître au cours de ce voyage, mais il craignait qu'elle ne s'évanouisse comme un mirage ou qu'elle n'éclate à la manière d'une bulle, maintenant que la peur reprenait place dans son esprit.

Ils vont tous se moquer de moi…

Il savait que les personnes qui étaient présentes sur le marché avaient fait du commerce toute leur vie. Et lui, le muet, allait tenter de *leur* vendre quelque chose !

Cependant, s'il n'essayait pas, il prouverait à coup sûr qu'il était voué à échouer et si, par miracle, il réussissait à vendre ce carnet, il s'assurerait la plus grande victoire de son existence. Aussi, il se décida à partir et se dirigea vers le cœur de la ville.

Au marché, les vendeurs qu'il approchait le regardaient fixement, attendant qu'il prenne la parole. Systématiquement, il leur tendait d'abord le carnet, puis le papier. Tous le saluaient poliment, mais ne semblaient finalement pas vouloir de l'objet. Certains feuilletaient les pages vierges, faisant montre d'une certaine curiosité, mais ils finissaient par secouer la tête dans un grand *non*.

Chaque refus attisait l'anxiété du jeune homme, qui tripotait nerveusement le col de sa tunique. Il voulait retourner à l'auberge pour s'y réfugier, mais il entendait déjà la voix d'Haziq lui faire des remontrances avec son accent fort et lui rappeler que pour toute chose, il existe quelqu'un prêt à l'acheter et qu'il lui suffisait de persister.

En fin d'après-midi, Félix n'avait toujours pas vendu le carnet. Il était épuisé et affamé. Une douleur sourde le lançait dans le dos, comme chaque fois qu'il devait affronter l'angoisse des relations en société. Le carnet avait tellement d'utilité, mais personne ne semblait s'en rendre compte. Lui-même avait été d'abord surpris par l'idée et il avait vite compris l'usage qu'il pouvait en faire, en y consignant les leçons qu'il apprenait. La plupart des marchands étaient maintenant rentrés chez eux et les derniers pliaient leur étal pour la nuit.

Dépité, le jeune homme s'en retourna vers l'auberge, la tête basse, en se flagellant mentalement.

Comment se fait-il que je ne parvienne pas à vendre quelque chose d'aussi génial ? Si seulement je pouvais leur expliquer oralement tous les usages que l'on peut en faire, j'en vendrais forcément un.

De retour à l'auberge, il voulait expliquer à Haziq que c'était son unique et dernier essai. Être privé de parole l'empêchait tout simplement de devenir un bon vendeur.

Haziq éclata de rire, lorsque Félix, penaud et cramoisi de honte, lui tendit le carnet. « Tu as appris la première chose qu'il faut savoir à propos de la vente, lui dit-il. Tout le monde pense avoir un bon produit, jusqu'à ce que ce dernier ne se vende pas. Vendre n'est pas chose aisée et peu de marchands font réellement fortune. Lorsque je me suis lancé, j'étais persuadé que ce serait facile. J'allais présenter mon produit, on me paierait et je passerais au client suivant. J'avais emprunté une somme suffisante pour acheter cinq robes et calculé le bénéfice dégagé par leur vente, qui me permettrait de rembourser mon emprunt, en me laissant assez d'argent pour en acheter d'autres et répéter ce processus que je trouvais simple. Cependant, rien n'a fonctionné comme je l'avais prévu. Mes prix étaient "trop élevés", mes robes étaient "de mauvaise qualité" et personne ne semblait en avoir besoin. J'essayais de persuader tous les marchands de ma ville, qui me riaient tous au nez. J'avais même entrepris de frapper à la porte de chaque villageois pour les démarcher un à un. J'étais le fils d'un homme pauvre et lorsqu'ils me voyaient arriver, ils se moquaient de moi. J'ai donc fait mes bagages et je suis venu ici, à Jérusalem. Je m'étais dit que j'allais pouvoir vendre dans un endroit où personne ne savait qui j'étais ni ne connaissait ma famille. J'étais certain que je serais considéré comme un marchand parmi tant d'autres. Mais je me trompais. Personne ne m'acheta quoi que ce fût et, au bout de quelques jours, j'avais troqué jusqu'à mes propres vêtements pour me nourrir et reprendre le chemin du retour. »

Ils étaient assis sur le toit de l'auberge, sous une toile de tente suspendue à des poteaux de bois qui les protégeaient des derniers rayons du soleil. Haziq tirait sur sa pipe et Félix peinait à croire que cet homme si sage et si riche avait pu être naguère si pauvre et accablé.

« De retour dans ma ville, je suis allé travailler dans les champs pendant un an avant de retenter ma chance en tant que vendeur. Je m'étais donné pour objectif de vendre une seule robe, rien qu'une seule. Juste pour me prouver que je n'étais pas un raté, car il fallait que je me débarrasse de la honte qui me rongeait chaque jour. J'ai donc recommencé et j'ai vite compris ce qui me manquait. Trouver un emplacement, des gens, de la marchandise, rien de tout cela n'était difficile pour moi. Mon problème était mon incapacité à persévérer lorsque les choses devenaient difficiles. Très vite, j'ai vendu ma première robe. La semaine suivante, j'en ai vendu six, puis je me suis mis à proposer d'autres vêtements et des quantités plus importantes. »

Le lendemain matin, Félix se leva avant Haziq. Il arracha soigneusement la dernière page de son carnet afin d'y rédiger une nouvelle accroche de vente. Si les marchands n'étaient pas en mesure de comprendre l'utilité du carnet, il allait la leur montrer.

Il inscrivit le prix au bas de la page et dressa une liste de tous les usages que l'on pouvait réserver à l'objet :

— Les commerçants peuvent y lister leurs stocks et leurs ventes.

— Les hommes du temple peuvent y rédiger leurs lois beaucoup plus aisément que sur les parchemins traditionnels.

— Les militaires romains peuvent y consigner leurs tâches.

— Les vieillards peuvent y écrire leurs contes et légendes qui, jusqu'à présent, n'étaient stockés que dans leur esprit.

— Les enseignants peuvent l'utiliser pour donner des cours aux enfants.

Il faisait encore nuit lorsqu'il termina d'écrire. Il plia la feuille dans sa besace et se mit en route pour le marché. En franchissant les portes de la ville, il était beaucoup plus confiant que la veille et il salua d'un signe de tête les rares soldats qui faisaient les cent pas pour se réchauffer, dans l'air froid du matin. Il voulait être le premier à arriver au marché, afin de pouvoir aider les marchands qui installeraient leurs échoppes et leurs stands. Si l'on devait acheter son carnet en remerciement de l'aide qu'il aurait apporté, il considérerait cela comme étant une victoire.

Les rues étaient encore désertes. Il gravit les nombreuses marches qui menaient au mur d'enceinte et son cœur s'emballa lorsqu'il arriva au sommet. Il s'assit au bord de la muraille, face à la ville, pour reprendre son souffle. Au loin, il apercevait le temple du Dieu juif, avec sa grande cour qui était éclairée par des torches.

Il regarda ensuite en direction de la colline qu'il avait prévu d'explorer le jour même, mais il décida qu'il ne quitterait pas le cœur de la ville tant qu'il n'aurait pas vendu le carnet. Il devait faire preuve de persévérance, un principe qu'il n'avait jamais réussi à mettre en pratique dans sa vie, en ayant toujours abandonné à la moindre résistance. Il était donc déterminé à ne pas abandonner, quel que soit le nombre de fois qu'on lui opposerait une fin de non-recevoir.

Les marchands commencèrent à affluer de la périphérie de la ville et à déballer leurs marchandises. Félix avisa un homme qui sortait des tapis de sa maison et il en saisit un avant d'aider l'homme à le tendre sur une corde pour l'exposer. L'homme lui adressa un signe de tête approbateur et il lui posa une question en hébreu. Félix haussa les épaules et, dans un sourire, il fit un geste en direction de sa bouche, comme il avait l'habitude de le faire. Le Juif sourit en retour et fit mine de le comprendre. Félix assista ensuite l'homme à sortir ses marchandises dans la rue, jusqu'à ce que tout son stock soit enfin prêt à la vente.

Une fois qu'ils eurent terminé, Félix fouilla dans sa poche afin d'en extraire le carnet et son papier qu'il tendit au marchand. L'homme feuilleta le carnet vide, puis il indiqua une ruelle au jeune homme.

Incertain des directives que le commerçant lui avait données, Félix s'aventura dans cette direction.

Dans la ruelle sombre, Félix trouva une table remplie de parchemins. D'autres rouleaux encore étaient empilés contre les murs sur des étagères. Un escalier desservait une porte pour accéder au premier étage. Sous les marches, il entrevoyait un patio avec de grosses poutres qui soutenaient la bâtisse. Cela semblait être une écurie que l'on avait transformée en un atelier. C'est là qu'il vit un vieil homme assis sur une chaise, en train de parcourir un parchemin. Félix entra et s'approcha de lui.

Des rides profondes creusaient le visage ratatiné de l'homme, une frange de cheveux blancs entourait son crâne dégarni et sa longue barbe touchait presque la table sur laquelle il travaillait.

Le jeune homme comprit immédiatement qu'il s'agissait d'un scribe, qui transcrivait sur commande des documents, et quand le vieil homme leva les yeux sur lui, il se sentit idiot de ne pas avoir pensé à démarcher cette profession plus tôt.

Le scribe était occupé à copier une missive militaire portant le sceau de l'empereur. Voilà un homme qui avait plus que quiconque besoin d'un carnet ! Félix s'excusa d'un signe de tête contrit pour le dérangement. Le regard noir d'impatience de l'homme lui donnait envie de tourner les talons et de fuir.

Mais au lieu de capituler, Félix lui tendit le carnet et son argumentaire de vente. L'homme ne porta aucun intérêt à la page manuscrite, saisissant le livret pour l'inspecter sans tarder. À mesure qu'il tournait les pages de cet objet insolite, ses sourcils blancs et broussailleux s'élevaient pour former deux accents circonflexes de surprise sur son visage. Voyant Félix rester totalement mutique, il finit par lire la feuille que le jeune homme lui avait tendue. Il ouvrit alors la sacoche qu'il portait à la taille et en sortit l'appoint nécessaire pour acheter le carnet.

Un tantinet surpris, Félix prit les pièces et les glissa dans sa pochette en souriant, prêt à repartir, mais l'homme lui attrapa le bras.

« Cet objet est d'une grande qualité... En as-tu d'autres ? » lui demanda-t-il dans un parfait latin, en caressant de sa main ridée la couverture du livret. Félix avait rédigé sa fiche dans sa langue et il réalisait maintenant que beaucoup des marchands qu'il avait approchés jusqu'ici n'avaient probablement rien compris à son explication, puisqu'ils parlaient hébreu. Haziq avait d'ailleurs rédigé la première notice dans la langue locale. Il comprenait maintenant que le marchand de tapis l'avait sans doute aiguillé jusqu'à cet endroit, après avoir vu les pages vides, pensant que le jeune homme recherchait un écrivain public.

Pour répondre à la demande de l'homme, Félix pointa du doigt le nom d'Haziq sur la feuille.

« Si ce prix reste le même, dit le scribe, j'en prendrai d'autres dès que vous en aurez. Je connais beaucoup de gens qui trouveraient cela très utile. Rien que ce mois-ci, j'ai reçu de nombreuses commandes à transcrire. »

Comprenant que le garçon était incapable de parler, l'homme écrivit au dos du papier : « *Éphraïm de Jérusalem : 500 pièces.* » En voyant l'importance de la commande, Félix écarquilla ses yeux de surprise, mais il réussit à se redresser et il serra la main de l'homme aussi fermement qu'il le pouvait. Il avait vu Haziq faire cela de nombreuses fois auparavant et c'était, d'après lui, ce que faisaient les grands hommes d'affaires entre eux pour sceller leurs transactions. Félix prit soin de plier la feuille et de la glisser dans sa sacoche, puis il ressortit par la ruelle. Pendant les premiers mètres, il parvint à contenir son excitation, au cas où l'homme l'observerait en train de partir, solidement accroché des deux mains à sa pochette, de peur de perdre le précieux billet qu'elle contenait.

Dès qu'il eut tourné au coin de la rue, il s'élança dans un sprint et courut aussi vite que possible. Ses jambes le brûlaient et une douleur aiguë lui transperçait le côté, comme pour le supplier de s'arrêter, mais il ne fit qu'accélérer. Lorsqu'il atteignit l'artère menant à l'auberge, il piqua vers le sud, manquant de renverser une femme. Sur son passage, les gens s'arrêtaient et le regardaient passer comme un fou.

Il franchit la porte de la cité en trottinant, avant de s'engager sur la montée en direction des collines qu'il avait repérées la veille. Quand la route devint beaucoup plus escarpée, il ralentit le pas et il se retourna pour observer la ville derrière lui. Il pouvait apercevoir le mur sur lequel il s'était assis plus tôt dans la matinée. Il reprit son souffle, mais continua à marcher, convaincu qu'il allait dans la bonne direction.

Un peu plus loin, il finit par les trouver. Les oliviers ! Il s'empressa de quitter la route pour pénétrer dans le verger où il se remit à courir entre les arbres, bras écartés, laissant les branches fournies cingler les paumes de ses mains grandes ouvertes. Il inspira à pleins poumons pour se gaver de l'odeur fraîche de la terre, qu'il aimait tant, et il se délecta d'écouter le bruissement constant des feuillages, qui semblait entonner un air de bienvenue.

Il trouva une petite clairière où il s'allongea et fondit en larmes.

Pour la première fois de sa vie, il avait réussi. Il avait décidé de persévérer et cela avait payé. Il avait même pu vendre plus de carnets qu'Haziq auprès du riche marchand de Phoenix. Il avait réussi tout seul. Sans l'aide de son mentor ! Bien sûr, il avait craint encore d'échouer, mais il n'avait pas laissé ses émotions le paralyser. Il s'était obstiné et personne ne l'avait humilié. Pour la première fois de sa vie, il avait entrepris de poursuivre un objectif et sa démarche s'était soldée par une victoire.

Le garçon se releva pour s'asseoir et il respira profondément pour reprendre ses esprits. De là où il se trouvait, il pouvait voir par-delà les murailles de la ville, jusqu'aux palmiers, aux ruisseaux et aux collines qui s'étendaient au loin. À nouveau, il s'émerveilla de la beauté de ce pays. Depuis son triomphe, les rues les plus animées et bondées de Jérusalem lui paraissaient désormais moins intimidantes.

Il sécha les dernières larmes de ses yeux et il essuya ses mains sur sa tunique, puis il se leva pour se faufiler entre les rangées d'oliviers et regagner le chemin et l'auberge.

Haziq aurait de nombreuses raisons d'être fier de lui, car Félix venait d'enregistrer une grosse commande, mais il avait aussi trouvé sa propre approche pour vendre.

De retour à l'auberge, Félix ne trouva pas Haziq et il se dirigea vers la terrasse sur le toit pour l'attendre. Il sortit son carnet à la huitième page blanche et commença à écrire.

Huitième leçon

« N'aie de cesse de persévérer »

Une seule goutte de pluie n'a pas grand effet, mais quand, goutte après goutte, la pluie persiste, l'eau est alors capable d'inonder toute une contrée. À l'instar de la pluie, je persévérerai.

Une rivière trace son chemin dans la vallée non pas par la force, mais par la persistance. Comme la rivière, je persévérerai.

Pour chaque porte qui me sera claquée au nez, j'en ferai voler deux autres en éclats. Je persévérerai.

Même si je suis fatigué, jour après jour, et que la fin ne semble pas en vue, je persévérerai.

Si je manque de compétences et de talent, je persévérerai et je dépasserai ceux qui sont plus doués et compétents que moi.

Le monde est rempli de gens qui caressent des rêves, mais mes rêves ne seront pas des vœux pieux, car je persévérerai.

Je peux taper du pied, je peux crier, je peux échouer et je peux pleurer, mais tant que je vivrai, je persévérerai.

Lorsque je tente quelque chose, le monde peut me retenir, mais lorsque je persévère, il s'écarte et me regarde passer.

Je n'abandonnerai jamais.

Je persévérerai.

CHAPITRE 11

« Tu es une créature d'habitudes »

F**élix et Haziq se rendirent** en ville pour dîner. Après avoir sillonné les rues à la recherche d'une spécialité alléchante, ils jetèrent leur dévolu sur une taverne qui servait de l'agneau fraîchement grillé et prirent place à l'intérieur.

« Je ne suis pas étonné que tu aies vendu le carnet, lui dit Haziq, pas plus que je ne suis surpris par l'importance de la commande que tu as passée. Je vois un feu nouveau brûler dans tes yeux. Ces dernières semaines ont fait de toi un homme bien différent du garçon timoré que j'ai rencontré sur les quais d'Ostia, ajouta-t-il en mâchant un morceau de viande, qu'il poussa d'une lampée de vin.

« Ce jour-là, tu étais perdu. Je l'avais compris. Tous ceux qui perdent le cap ou ignorent leur raison d'être ont le même regard, affirma-t-il. C'est un état d'esprit dangereux. Lorsque l'esprit divague, sans destination précise, il est comme un navire qui quitte le port sans capitaine ni équipage. Il finira invariablement par s'échouer sur une plage, s'il parvient jamais à quitter le port.

« Il me semble que tu as une idée de l'endroit où tu souhaites te rendre, enchaîna-t-il, sans quoi tu ne m'aurais jamais suivi jusqu'à Jérusalem. Si tu n'étais qu'un vagabond qui se laisse ballotter et porter au gré du vent, tu serais parti au moment même où nous avons accosté. Moi, je crois que tu désires quelque chose de plus grand. Et tu te trouves exactement là où il faut. L'homme avec lequel tu as conclu un marché a vu en toi la même chose que moi. Tout le monde désire faire des affaires avec quelqu'un qui refuse tout ce qui n'est pas assez grand pour lui-même. »

Félix prit une bouchée. Il écoutait religieusement Haziq, heureux que l'homme ait su remarquer sa valeur. D'ailleurs, cette flamme qu'il décelait dans ses yeux était peut-être le reflet de ce qui allait lui permettre de devenir un bon vendeur.

« Il y a une chose que tu dois savoir, poursuivit Haziq. Toutes les ventes ne se font pas aussi rapidement. Tu as fait preuve de persévérance et tu as conclu un marché, car tu avais choisi de retenter ta chance, même si tout ton être voulait abandonner. »

Haziq lui expliqua alors que la persévérance crée l'habitude et que les êtres humains sont des créatures d'habitudes. « Dieu a créé notre esprit pour qu'il fonctionne d'une manière intéressante. Ton esprit voit, chaque jour, la façon dont tu te comportes ainsi que les choix que tu fais. Pour tenter de te faciliter la vie, il crée des habitudes à partir de ces choix. Bientôt, les décisions simples que tu formules au quotidien deviennent un mode de vie, dont tu peux être conscient ou pas. Pense un instant à tes habitudes de sommeil, cita Haziq pour exemple. Je t'ai réveillé tous les matins alors qu'il faisait encore nuit et tu n'as jamais manqué de manifester ton mécontentement.

Je démarre plus tôt que la plupart des hommes, car ce sont ceux qui se lèvent tôt qui accèdent aux plus grandes opportunités. Toi, en revanche, tu aimes dormir. Et lorsque tu dors, tu laisses passer ta chance. Car dis-toi que la chance est tout sauf impolie et qu'elle n'osera jamais interrompre ton sommeil. »

Un sentiment de honte fit rougir les joues de Félix.

« Crée des habitudes qui te permettent de tenir bon les jours où tu n'as pas envie de te lever, poursuivit-il. Mieux vaut réaliser quelques petites ventes chaque jour, en gardant une approche cohérente, que de réaliser souvent de grosses opérations, sous le coup d'émotions et de comportements spontanés. Sans quoi tu perdras la volonté de continuer au moindre échec, tandis que l'habitude de la persévérance te poussera à t'obstiner, quels que soient tes résultats. Ne célèbre jamais de façon excessive tes succès et ne sombre jamais dans la dépression face à tes faillites. Demain est un autre jour. Par conséquent, contente-toi de te lever et de poursuivre ta route. »

Ils se levèrent de table et Haziq paya leur repas, pendant que Félix imaginait le jour où il pourrait à son tour l'inviter.

Haziq alluma sa pipe, et les deux hommes se dirigèrent en silence vers l'auberge. Lorsqu'ils eurent franchi la porte, il ajouta ceci : « Les habitudes revêtent une importance capitale dans tous les aspects de la vie et ne comptent pas seulement dans le commerce. Ta vie d'aujourd'hui reflète en grande partie les habitudes que tu as créées. Ne prends pas cela à la légère. »

Quand Haziq le réveilla le lendemain matin, Félix se leva d'un bond. Il avait encore sommeil, mais il était déterminé à adopter les mêmes habitudes que l'homme. Haziq lui avait expliqué qu'il avait pour réflexe de se réveiller chaque matin à la même heure et il voulait suivre son exemple. Ces derniers jours, Haziq avait vendu la totalité de la marchandise qu'il avait apportée et il prévoyait de rencontrer, le même jour, un marchand de la ville pour discuter d'une commande de carnets.

Au début, Haziq avait émis l'idée de repartir pour Césarée quand tout aurait été vendu, mais il avait finalement décidé de rester en ville pour la fête de la Pâque. Des centaines de marchands du monde entier devaient y assister et l'homme désirait vendre ses précieux carnets. Ce matin-là, il était résolu à partir faire des affaires tout seul. S'il ne parvenait pas à vendre tous les carnets qui étaient en stock, Félix pourrait toujours retenter sa chance le lendemain.

Le jeune homme glissa son carnet dans son sac, puis il se rendit à nouveau sur la colline, si possible à l'endroit où il s'était arrêté, et écrivit au milieu des oliviers.

Il acheta un pain à un marchand ambulant et parcourut dans un premier temps la ville. Au fil des jours, Jérusalem avait vu affluer de plus en plus de visiteurs en vue de la fête annuelle, et Félix s'y sentait de moins en moins étranger.

Il repensa à l'insistance d'Haziq sur la nécessité de créer des habitudes pour réussir. Il voulait devenir aussi riche et sage que lui, et devait, par conséquent, marcher dans ses pas en faisant tout comme lui.

Il s'efforcerait d'abord de prendre l'habitude d'appliquer chacun des principes qu'il avait appris de l'homme et qu'il avait résumés sous la forme de leçons dans son carnet. En effet, s'il pouvait reproduire les comportements de ce dernier, il connaîtrait assurément le succès.

Neuvième leçon

« Tu es une créature d'habitudes »

Quel que soit l'endroit où je me trouve, j'y suis arrivé grâce à mes habitudes.

Aujourd'hui, je fais encore des choses qui me retiennent au lieu de m'adonner à celles qui me feraient avancer. Mais je suis une créature d'habitudes et je dois savoir que je ne peux faire que ce pour quoi j'ai créé des habitudes.

Si je ne suis pas là où je veux être, je dois en chercher les raisons. Si je ne me trouve pas à l'endroit que je désire, ce sont alors mes habitudes qui sont à blâmer.

Si mes habitudes sont celles d'un homme paresseux, je devrai me contenter de la solde d'un fainéant. Si mes habitudes sont celles d'un homme pauvre, je devrai me contenter de la vie d'un miséreux.

Je dois créer les habitudes de l'homme que je veux devenir et si je parviens à les adopter, il ne fait aucun doute que je réussirai.

En créant des habitudes autour de ce que je dois faire, je ferai ces choses même si je n'en ai pas envie.

Mon esprit est une force puissante et inarrêtable qui n'attend que mes ordres. Tout ce que je lui ai ordonné, je finirai par le voir.

Je suis... une créature d'habitudes.

CHAPITRE 12

« L'amour te libérera »

F**élix était lové entre** les racines d'un olivier situé au bord de la colline, juste avant qu'elle ne s'incline de façon abrupte, toujours recouverte d'arbres pour rejoindre la plaine. Soudain, il se rendit compte que quelqu'un se tenait près de lui. En tournant la tête, il vit un homme, debout, à quelques mètres de lui. Félix se leva d'un bond, pensant que cette rencontre était synonyme d'ennuis.

Il s'agit probablement du propriétaire de ces terres. Il doit être mécontent que je traîne dans son champ.

Il avait pris le temps d'écrire dans son carnet, puis il s'était adossé à l'arbre, à moitié couché dans l'herbe, et il avait fermé les yeux.

Il avait alors pensé que les choses seraient bien différentes s'il rentrait dans son pays, maintenant qu'il était devenu un homme. Il se demandait, toutefois, si la familiarité de son environnement natal pourrait le pousser à retomber dans son état d'esprit d'antan ? Était-il en mesure d'insuffler sa confiance et son enthousiasme naissants à son ancienne routine ?

La sagesse qu'il avait acquise au cours de ce voyage était inestimable et tout l'or du monde ne pouvait pas l'acheter, si bien que l'idée de renouer avec les travers de son ancien mode de pensée l'effrayait.

Il se mit à rêver de Licinia, mais décida de chasser l'image de la jeune femme de sa tête, car son souvenir ne faisait que raviver une profonde tristesse et une douleur insupportable.

« *Shalom* », lui dit l'homme en souriant.

C'était un mot hébreu que le garçon avait entendu de nombreuses fois depuis son arrivée à Jérusalem. En l'entendant des lèvres de cet inconnu, il eut un doute sur sa signification et attendit la suite sans bouger. L'inconnu marqua une pause, puis il reprit la parole, cette fois-ci en latin.

« C'est ici que je viens pour m'isoler du chaos », dit-il en désignant la ville en contrebas.

Félix lui adressa un large sourire et commença à se rasseoir, pensant que l'inconnu reprendrait vite son chemin, mais l'homme vint se camper à côté de lui et se mit à contempler le paysage qui s'offrait à eux. Ne cherchant pas à nouer le dialogue, Félix regardait subrepticement l'étranger de temps à autre, tout en faisant mine d'observer le panorama.

Félix devinait que ce Juif habillé de façon très sobre était un habitant de la ville. Il se dit qu'il tentait d'échapper à l'afflux de pèlerins qui envahissaient la ville pour la fête de la Pâque. L'inconnu regardait le jeune homme en lui adressant, à son tour, un large sourire bienveillant. Félix était aux prises avec une sensation étrange. Une part de lui-même ressentait un profond malaise, mais il ne pouvait s'empêcher, dans le même temps, de relever une grande bienveillance dans les yeux de l'homme.

Peut-être a-t-il pitié de moi, pensa-t-il.

« Les êtres humains peuvent être difficiles à supporter, dit-il en fixant à nouveau la ville. Chaque homme vit en se préoccupant uniquement de sa propre personne, comme obnubilé par son bien-être au point d'ignorer la vie qui l'entoure. »

Il se tut pendant un moment, les yeux dans le vague, avant de poursuivre : « Observer la manière dont ils passent leurs journées est comme regarder un enfant jouer. L'enfant est incapable de concevoir le miracle de la vie, mais son père l'examine avec joie, tout en nourrissant pour lui un plan pour son avenir. Si les hommes pouvaient, ne serait-ce que l'espace d'un instant, sonder tout l'amour qui les enveloppe, ils ne seraient pas si anxieux, si inquiets, si affamés d'avenir, au point de renoncer à vivre le présent. Ce n'est pourtant pas ce qui les entoure, mais ce qui réside à l'intérieur d'eux-mêmes qui peut leur apporter le bonheur, leur donner une raison d'être et leur offrir la richesse. Comprendre simplement cela leur apporterait la paix. »

Il regarda Félix et l'interrogea : « N'est-ce pas ? » Le jeune homme acquiesça, sans être sûr d'avoir compris ce dont le Juif parlait. En effet, quelle sorte d'amour pouvait faire disparaître la peur et l'inquiétude ?

« La vie ne se résume pas à la nourriture que tu donnes à ton estomac, aux vêtements que tu portes, au tintement des pièces de monnaie dans ta bourse. Regarde les oiseaux, insouciants, qui s'en remettent à Dieu. En quoi les gens valent-ils plus que les oiseaux ? Quelqu'un a-t-il jamais gagné une heure de vie en s'inquiétant ? Tout ce temps et cet argent gaspillés pour leur apparence… Crois-tu que cela puisse véritablement faire la différence ? »

L'inconnu agita un bras vers l'extérieur, puis il enchaîna. « Regarde les champs de fleurs sauvages, ils ne se pomponnent pas. Ils ne font pas d'emplettes. Cependant, as-tu déjà vu des mélanges de couleurs comme ceux-ci ? Les plus grands monarques sur Terre, dans toute leur gloire, ne se seront jamais parés de tels atours. Si Dieu accorde une telle attention à l'apparence des fleurs sauvages – dont la plupart resteront inconnues des yeux de l'homme –, ne penses-tu pas qu'Il fera également de son mieux pour toi ? Si les êtres humains n'étaient pas autant préoccupés par ce qu'ils pourraient *obtenir* de Lui, ils pourraient être ouverts à ce que Dieu a à leur *donner*. Et si les hommes pouvaient constater dans l'instant présent ce que Dieu fait pour eux, au lieu de se préoccuper de ce qui se produira ou ne se produira pas demain… Et s'ils pouvaient être convaincus que, demain, Dieu les aidera à affronter ce que la vie mettra sur leur chemin… Mais, au lieu de cela, les hommes ont peur, les hommes angoissent, et ils développent des maladies. Ils créent des habitudes destructrices et cultivent des pensées toxiques. Ils envient les autres, ils volent, ils tuent et se détruisent mutuellement. »

Le jeune homme ne comprenait pas pourquoi cet homme l'avait rejoint ni pourquoi il s'épanchait auprès de lui, mais ses paroles limpides et empreintes de sagesse le touchaient. À l'écouter, les tracas des hommes semblaient n'être que des vétilles.

Pendant des années, Félix avait mené sa vie tout seul, et tout ce qu'il percevait et comprenait provenait de cette existence solitaire. Jusqu'à ce qu'il rencontre Haziq, il voyait le monde à travers le prisme de sa perspective douloureuse.

L'homme continua son monologue : « Les hommes pourraient gagner tout l'or qu'ils désirent, accomplir tout ce qu'ils souhaitent et trouver un but à leur existence, en choisissant simplement l'amour. S'ils menaient une existence profondément ancrée dans l'amour, ils ne connaîtraient aucune contrainte, car l'amour parfait chasse la peur. Ils vivraient dans une telle abondance de richesses qu'elle inonderait leurs habitations et ils ne pourraient pas les contenir. »

Le Juif ramassa une brindille, qu'il fit tourner entre ses doigts, tout en continuant : « En revanche, ceux qui ne recherchent que l'or pour en posséder toujours davantage se voilent la face et deviennent aveugles. Alors ils commencent à errer dans la vie, en s'accrochant à des bribes de joie, alors que la vraie vie et l'abondance leur ont échappé. »

C'est alors que l'inconnu fixa le jeune homme : « Pourquoi ne parles-tu pas ? » lui demanda-t-il.

Félix fut surpris par la question. Il avait supposé que l'homme avait décelé son handicap. Le visage cramoisi de gêne, il fit un geste en direction de sa bouche et toucha ses lèvres.

« Pourquoi ne me réponds-tu pas ? » interrogea l'homme.

Peut-être est-il aveugle ? Comment fait-il pour ne pas comprendre ?

Frustré, le garçon gesticula à nouveau en désignant sa bouche, comme il l'avait fait toute sa vie. D'habitude, les gens semblaient toujours comprendre sa chorégraphie, mais l'homme devant lequel il se trouvait ne semblait pas très observateur.

L'inconnu ne réagissait pas et fixait Félix, sans broncher. Ses yeux semblaient sonder ceux du jeune homme comme s'ils voulaient atteindre son âme. Cependant, les légères rides, qui irradiaient sur ses tempes, racontaient une tout autre histoire, et l'homme portait sur Félix un regard de compassion et de bonté. Aucun sourire sur son visage, mais des pupilles d'un brun profond qui recelaient une douceur et une bonté qui semblaient familières au jeune homme.

Autour d'eux, seul le doux bruit du vent faisait bruisser les rameaux de ses oliviers bien-aimés. Félix chercha un instant à détourner son regard de l'inconnu et il tripota nerveusement son col.

Il comprit soudain pourquoi ce visage lui était si familier.

C'était l'homme du songe étrange qu'il avait fait sur le bateau !

Le cœur du garçon se serra violemment et commença à tambouriner dans sa poitrine au point qu'il craignit que l'inconnu l'entende.

Qui est cet homme ? Me connaît-il ? Est-ce une coïncidence ou non ? M'a-t-il suivi jusqu'ici ?

« N'aie pas peur, dit le Juif. Les coïncidences n'existent pas dans le monde des hommes. Tout ce qui bouge et respire entre le ciel et la terre est connu... Et tout est plongé dans le plus grand amour. Il n'y a pas de plus grand désir pour le Créateur que de connaître et d'embrasser tout le monde, en particulier ceux qui crient à Lui dans leur cœur. Ce sont eux qu'Il chérit le plus. » Il continuait à fixer le garçon et un sourire commença à se dessiner sur son visage anguleux.

Il enchaîna : « Toutes tes larmes, tes nuits sombres et solitaires, ta douleur et ta colère ont brisé Son cœur en plus de morceaux que le tien. Je peux le voir dans tes yeux, mon garçon, tu as longtemps porté ton fardeau. » L'homme parlait de façon étrange, mais ses paroles touchaient le cœur de Félix et des larmes commencèrent à perler de ses yeux. Il détourna le regard pour les cacher.

Si seulement ce Juif pouvait comprendre ! Encore un encouragement bienveillant de quelqu'un qui est incapable de concevoir vraiment ce qu'il en est.

L'homme tendit le bras et arracha une feuille d'olivier. Il la frotta vigoureusement entre ses doigts et la roula en boule. Il approcha sa main du visage de Félix, puis il toucha ses lèvres de la feuille écrasée en prononçant haut et fort : *« Je n'ai pas grand-chose, mais je peux te donner ceci. Libère-toi de ta muselière, mon garçon. »*

Le parfum vert et frais de l'olivier inonda les narines du jeune homme, mais dès que la feuille entra au contact de ses lèvres, une douleur aiguë traversa sa mâchoire et il sentit quelque chose claquer à l'arrière de son crâne, comme si on lui avait administré un violent coup de fouet. Une sensation étrange envahit sa bouche, les muscles de ses mandibules semblèrent se détacher et sa langue se délia.

Le jeune homme tenta de se lever rapidement, mais il trébucha et retomba sur le dos. « Qui êtes-vous ? » cria-t-il, stupéfait d'entendre que ces mots ne résonnaient pas seulement dans son esprit.

Pour la première fois de sa vie, des sons avaient été émis par sa bouche. Pour la toute première fois, il venait de… parler !

***

Quelque chose de stupéfiant venait de se produire. Au moment où la feuille avait touché ses lèvres, l'impensable s'était produit. Cet homme était-il un sorcier ? Il savait que les Juifs pratiquaient toutes sortes de rituels étranges… Était-ce un homme du Temple ? Encore sous le choc, Félix porta ses mains à son visage. Il toucha sa bouche, puis sa mâchoire du bout des doigts. Il les bougea et chercha à émettre des sons avec ses lèvres et sa bouche. Il s'exclama : « Whaou ! » et la vibration de sa voix gronda dans sa poitrine et dans sa gorge avant d'être projetée par sa bouche.

Il écarta les bras et s'élança vers l'inconnu pour l'embrasser. Dans son étreinte, il tomba à genoux et manqua d'entraîner l'homme dans sa chute, mais il s'agrippa des deux mains au vêtement de l'inconnu et enfouit son visage dans la poitrine de ce dernier en pleurant.

Un moment plus tard, Félix sanglotait toujours dans le giron de l'homme. C'était comme s'il avait été extrait d'un cauchemar qui l'avait paralysé toute sa vie et qui n'avait plus de prise sur lui.

Cette rencontre n'était peut-être pas un hasard ? Les idées se bousculaient dans la tête de Félix et il se disait que c'était son échec qui l'avait conduit jusqu'à cette étrange contrée, peuplée de gens singuliers. Il se demandait aussi si ce n'était pas le Dieu d'Haziq qui l'avait appelé ici.

Il finit par se redresser et se tint face à l'inconnu, qui avait lui aussi les larmes aux yeux.

« Communiquez-vous avec ce Créateur dont vous parlez ? demanda-t-il à l'inconnu. Est-ce qu'Il me connaît ? Est-ce qu'Il vous a envoyé ici pour me guérir ? » Le mouvement de sa langue dans sa bouche était le même que celui qu'il avait tenté de reproduire maintes et maintes fois lorsqu'il était enfant, à la différence de la vibration qui émanait maintenant de sa poitrine et sa gorge avant que sa voix ne sorte de sa bouche. Il continuait à étreindre sa gorge et il pouvait sentir le grondement de sa voix se répercuter dans ses mains tremblantes.

« Puis-je Le rencontrer ? » demanda-t-il à l'homme.

Le Juif sourit et répondit : « Chaque fois que tu plonges ton regard dans les yeux d'autrui, tu Le vois. Il suffit de regarder assez profondément. Il est toujours là. Car c'est dans les yeux de l'homme que le ciel et la terre se rencontrent. »

Il désigna ensuite les épaisses murailles qui cernaient la ville en contrebas : « Tu vois, ces murs séparent la ville du reste du monde. Pourtant, il s'agit toujours d'un seul et même royaume. La ville d'en bas peut être comparée au ciel, quand la terre qui l'entoure à perte de vue représente notre monde. Lorsque ton heure viendra, tu franchiras les portes de la ville et tu pourras alors Le rencontrer. Mais n'attends pas cette fin avec anxiété ; utilise plutôt le temps qui t'a été donné pour découvrir ton existence. Tu es dans ce monde pour une raison, le sais-tu ? »

Il embrassa alors le garçon, puis il se retourna et commença à s'éloigner. Félix essayait de comprendre ce qui se passait dans son esprit. Tout semblait se bousculer. Il bondit en direction de l'inconnu, lui saisit le bras et dit d'une voix chevrotante : « Monsieur ! Merci pour ce que vous avez fait pour moi ! »

« Les gens chercheront toute leur vie à entrevoir le paradis, mais le paradis n'est pas là où ils cherchent, expliqua l'homme. Il est ici, il est descendu à notre niveau. Enseigne aux gens une meilleure façon de vivre », ajouta-t-il en souriant.

« Mais, comment m'y prendre ? » lança Félix, lui-même surpris par l'éclat de sa voix. Maintenant qu'il avait recouvré la parole, il sentait qu'il ne serait plus jamais laissé pour compte. En réponse, l'inconnu désigna la sacoche du jeune homme et le carnet qui en était sorti avant de tomber par terre.

« Tu le fais en ce moment même. Apprends aux autres comment mener une vie meilleure. Enseigne-leur les principes que tu t'es forgés. Ce que tu as décidé d'intégrer dans l'espoir d'un avenir plus radieux est profitable à tous. Ces fondations sont celles sur lesquelles construire convenablement sa vie, car elles permettent de connaître l'abondance, de gagner en sagesse et de trouver le bonheur, dit l'étranger barbu. Mais leur plus grande utilité est de découvrir l'insaisissable chemin qui conduit à leur propre objectif et de mener une vie extraordinaire. Tu as reçu beaucoup de témoignages d'amour, fais-en de même avec eux. Ce n'est pas une tâche facile. Beaucoup cherchent, mais peu trouvent. Tu ne dois pas te contenter de garder jalousement ces leçons pour toi. L'or t'offrira des biens, mais *c'est l'amour qui te libérera* », dit-il avant de quitter l'oliveraie.

Félix s'écria : « Où allez-vous ? » Mais l'homme s'était déjà enfoncé à travers les arbres et il avait disparu de son champ de vision.

De retour à l'auberge, Félix était monté sur la terrasse et il tournait en rond. Qui était ce Juif qui l'avait guéri ? Lorsqu'il pleurait et qu'il l'avait pris dans ses bras, il l'avait libéré à jamais d'un fardeau !

Incapable de répondre à toutes les questions qui l'assaillaient, le jeune homme décida de se concentrer sur son carnet, qu'il ouvrit à la dixième page. Elle était encore vierge, et malgré les larmes qui embuaient sa vue, il commença à écrire ce qui suit...

Dixième leçon

« L'amour te libérera »

Mon amertume et ma haine, ma colère et mes frustrations, mon envie et mon dégoût, mes malheurs et mes mensonges ont enchaîné mon esprit, mais c'est l'amour qui me libérera.

Lorsqu'ils m'attaqueront avec leurs mots, je me souviendrai que ce sont eux qui souffrent intérieurement et je leur apprendrai que c'est l'amour qui les libérera.

Si je veux réussir, je dois d'abord apprendre à aimer sans cupidité. Quoi que je fasse, je l'aborderai avec amour et mon amour me permettra de réussir.

Le monde est brisé et il ne peut être réparé qu'à une condition… grâce à un amour sans condition.

J'aimerai, parce que je sais maintenant que je suis aimé.

C'est l'amour qui me libérera.

CHAPITRE 13

La découverte d'un trésor

« Haziq ! » cria le jeune homme depuis le toit, quand il le vit rentrer à l'auberge. Félix laissa tomber son carnet et dévala les escaliers. Il traversa la maison et courut le retrouver dans la rue.

Haziq était resté interdit, toujours agrippé à la sangle de l'âne. Il fronçait ses sourcils et ses yeux sombres étaient rivés sur le jeune homme qui l'approchait à la hâte. Il n'était pas certain d'avoir réellement entendu la voix du garçon et il ne bougeait plus en attendant d'en avoir le cœur net.

Une fois les premières explications livrées, ils étaient montés sur le toit de l'auberge où ils s'étaient assis en silence. Haziq laissait sa pipe se consumer lentement entre ses mains, sans jamais tirer une seule bouffée. Dans le reflet des derniers rayons du soleil, Félix aperçut que les yeux de son compagnon étaient mouillés.

Tout au long de leur périple, il avait pu constater la bienveillance, la miséricorde et la générosité d'Haziq, mais jamais il ne l'avait vu témoigner une telle émotion.

Plus Félix lui livrait des détails sur sa rencontre du jour, plus Haziq semblait heureux. Pour la première fois, c'était le garçon qui parlait sans s'arrêter, déversant son histoire insolite à son ami. Il lui raconta tout de sa vie, de sa plus tendre enfance à leur rencontre sur les quais d'Ostia. Il lui expliqua ses derniers jours à Rome et les raisons qui l'avaient poussé à s'enfuir. Il évoqua Licinia et sa mission en tant que garde au pied des condamnés. Il lui parla enfin de la transformation qui s'était opérée en lui, grâce à toutes les leçons qu'Haziq lui avait enseignées et à la foi qui l'avait à nouveau habité, malgré ses limites.

Haziq avait d'innombrables questions à poser à Félix, mais il était particulièrement intéressé par l'homme que ce dernier avait rencontré sur la colline. Il demanda à connaître la scène dans les moindres détails… À quoi ressemblait-il ? Était-il juif ? Qu'avait-il dit ? D'où venait-il ? Avait-il expliqué qui il était ?

Haziq finit par parler, mais ce qu'il disait était à peine audible, tant il marmonnait doucement, au point que Félix peinait à distinguer les mots qu'il prononçait : « C'est peut-être lui… Il s'agit sans doute de celui dont tout le monde parle. »

Félix ne comprenait rien. Haziq savait-il qui était cet homme ? Il lui raconta ensuite l'étrange rêve qu'il avait fait sur le bateau et l'étonnante ressemblance avec l'homme en haut de la colline. Haziq tira une bouffée sur sa pipe, en accrochant son regard au loin sur la ligne d'horizon, là où le Soleil rougit avant de se coucher.

« Le prince de la paix…, murmura-t-il. Le prince de la paix est peut-être arrivé. »

***

La ville grouillait de monde et ils se frayèrent un chemin à travers la foule. Haziq avait demandé à Félix de le guider jusqu'à ce scribe qui se faisait appeler Éphraïm de Jérusalem, l'homme qui lui avait commandé tant de carnets. Il voulait s'entretenir avec lui pour discuter de la livraison.

À leur arrivée, le vieil homme bondit étrangement de joie en voyant Félix. Il s'approcha de lui et prit son menton dans ses mains, puis il l'examina et chuchota en hébreu. Seul Haziq comprenait ce qu'il disait et il joua les interprètes. Le scribe avait entendu parler de lui et savait qu'il avait recouvré la voix. Il savait que le Juif avait réalisé un nouveau miracle dans la montagne.

Une fois les présentations faites, le vieil Éphraïm invita Haziq à le suivre pour parler affaires. Tandis que les deux hommes s'entretenaient, Félix s'assit sur les marches, d'où il pouvait observer la rue et le va-et-vient des gens qui vaquaient à leurs occupations.

Beaucoup se rendaient au temple pour prier et pour se préparer à la fête de la Pâque. Il pensa aux lieux de culte de Rome et à la façon dont les gens y vénéraient leurs dieux, et il s'étonna de la similitude entre les gens d'ici et ceux de Rome. Même s'ils priaient des dieux différents, nourrissaient des croyances propres et suivaient les principes de religions distinctes, les peuples étaient tous si proches. Au fond, leur vie était la même et ils finissaient par attacher de l'importance aux mêmes choses. À ses yeux, la seule chose qui différenciait un Juif d'un Romain et d'un Arabe était les traits de leur visage.

Tous travaillaient de la même manière pour subvenir à leurs besoins et pour entretenir leur famille, puis tous riaient, discutaient avec leurs amis et cancanaient, saisissant çà et là les petits bonheurs de la vie. Cependant, tous aspiraient à donner un sens plus profond à leur existence, à poursuivre un objectif plus élevé, et chacun venait au temple pour prier et exposer ses petits problèmes, en quête de réponses.

À quoi bon, pensa-t-il, de vivre, de croire et de se plier à certains principes si c'était pour mener une vie en tout point pareille à celle des autres ? Chaque être est unique et, pourtant, tous agissent tels des moutons qui suivent les plans et les failles des autres.

Cependant, quand vient le moment de quitter ce monde, ne finissent-ils pas tous allongés sur le même lit de regrets ? Alors, à quoi bon se conformer ?

Il ne pouvait pas être le seul à nourrir de plus grands désirs et de plus grands rêves. Toutes ces personnes devaient avoir leurs propres espoirs, leurs propres souhaits et leurs propres aspirations pour une vie meilleure.

Cela doit être difficile de renoncer au confort et à la sécurité de la vie ordinaire.

C'est sans doute pour cela que le Juif sur la colline lui avait demandé d'enseigner aux autres les leçons qu'il avait consignées dans son carnet.

Seulement, il commençait lui-même à peine à apprendre ces principes, et il n'avait écrit que des exemples, ce qui s'appliquait à sa vie et à ses propres pensées. Tout le monde n'affrontait pas nécessairement les mêmes problèmes que lui. Par conséquent, que pouvait-il enseigner à des gens qui menaient une existence plus difficile que la sienne ? En outre, son jeune âge lui permettait-il de faire la leçon à ses aînés ?

L'idée même l'effrayait et il ne voyait pas comment il pourrait s'y prendre, même s'il avait le courage et les connaissances nécessaires pour se lancer dans une telle entreprise (et il ne les avait pas). Il repensa à son rêve et à la façon dont la foule s'était dispersée alors qu'il tentait de parler. Était-ce ce qui se produirait s'il essayait ? Que pourrait-il dire ?

Ce n'est qu'au cours des dernières semaines de son périple qu'il avait commencé à penser différemment, et si quelqu'un pouvait enseigner aux autres ces principes et le chemin à suivre pour accéder à une vie meilleure, c'était plutôt Haziq.

C'est lui l'homme de la situation, pas moi !

Haziq sortit de l'atelier et appela Félix, qui l'attendait dans l'escalier. Il demanda au jeune homme d'apporter son carnet afin de le montrer au scribe. Les deux hommes feuilletèrent les pages que le garçon avait écrites, tandis que Félix assistait à la scène sans intervenir. Il était en retrait des deux hommes et commençait à tripoter son col, espérant qu'ils ne liraient pas ses leçons. Haziq voulait montrer à l'homme comment l'encre s'imprimait sur le recto, sans noircir le verso, mais le vieux scribe n'avait d'yeux que pour le texte du jeune homme.

Ce soir-là, juste avant de se coucher, Félix fouilla dans sa sacoche et il eut un haut-le-cœur en ne sentant que quelques pièces de monnaie, le petit pot d'encre et sa plume d'oie. *Le carnet*... Son carnet avait disparu ! L'avait-il laissé chez le scribe ? Ou bien l'avait-il laissé tomber par inadvertance sur le chemin du retour ?

Il s'élança dans la nuit et courut frénétiquement sur le chemin qui ralliait l'auberge à l'atelier d'Éphraïm. À l'entrée de la ville, un soldat se tenait seul devant de la porte de la cité. Lorsque Félix s'approcha, il reboucha son outre de vin et s'avança vers lui pour l'interroger : « Tu es sorti après le couvre-feu, mon garçon. Qu'est-ce qui te prend ? »

— J'ai perdu un objet qui m'est très cher, Monsieur. Puis-je aller le chercher ? » répondit Félix.

Il jeta un coup d'œil par-dessus l'épaule du soldat, espérant apercevoir son précieux carnet sur le sol.

« Retourne d'où tu viens, répliqua le soldat. Nous, Romains, représentons une cible parfaite pour certains habitants de la région, en particulier un jeune homme désarmé comme toi. »

Félix fut en partie soulagé de constater que le soldat avait compris qu'il était lui aussi romain. Il portait d'ailleurs toujours la même tunique romaine et n'avait jamais essayé les vêtements qu'Haziq lui avait offerts. Ce soldat aurait peut-être réagi avec beaucoup plus d'hostilité s'il avait été habillé comme un Arabe ou comme un Juif.

Toutefois, Félix insista et supplia le Romain : « Je vous en prie ! Je ne serai pas long...

— Rentre chez toi, mon garçon ! » dit le soldat en haussant le ton et en saisissant la poignée de son épée.

C'est alors qu'une idée saugrenue surgit dans l'esprit du jeune homme, au point de faire battre le sang dans ses oreilles. Il savait qu'il était plus rapide que n'importe quel garçon de l'orphelinat, et toutes les journées passées à explorer les collines de Rome avaient considérablement musclé ses jambes. Sans nul doute pouvait-il courir plus vite que cet homme, qui était vêtu d'une lourde armure et d'un casque. Il avait quitté l'auberge précipitamment, sans sa sacoche et sans chaussures. Il devait surtout retrouver le carnet sans tarder, car s'il attendait le matin, il était sûr qu'il disparaîtrait.

Il contourna rapidement l'homme posté devant lui et se mit à courir de toutes ses forces.

Le soldat hurla « HALTE-LÀ ! », puis il se lança à la poursuite du jeune homme, mais Félix filait loin devant. Le vent sifflait dans ses oreilles et une bouffée d'adrénaline se diffusa dans tout son corps et dans sa tête. Deux autres soldats accoururent, alertés par les cris de leur collègue. Félix les vit surgir au coin de la rue et il leur fonça dessus, mais le choc projeta les trois hommes au sol.

Les deux soldats tentèrent de maîtriser le jeune homme, mais Félix effectua une rapide roulade, il parvint à se dégager d'eux et il se releva. Sans qu'ils eussent compris comment, il s'était à nouveau élancé. Après quelques minutes de cavale, il finit par retrouver l'allée du vieux scribe, où il s'enfonça pour se cacher dans l'obscurité du passage.

Il se couvrit la bouche pour faire taire sa respiration bruyante, ne pouvant arrêter les folles saccades de sa poitrine qui reprenait son souffle. Il resta là, immobile, jusqu'à ce qu'il n'entende plus aucun bruit de poursuite.

Félix décida de s'asseoir dans la ruelle noire, car il était désormais trop tard pour sonder les rues qu'ils avaient empruntées plus tôt avec Haziq et il venait de trouver porte close à l'atelier. Il ne pouvait pas non plus retourner se coucher à l'auberge, au risque d'être arrêté. Il prit donc la décision d'attendre le lever du soleil, car il pensait que le carnet était ici, dans la boutique d'Éphraïm… Du moins priait-il pour qu'il fût là.

Il n'y avait pas âme qui vive dans cette ruelle. Dans la nuit, seuls quelques chiens errants passèrent près de lui sans lui prêter attention. Félix était transi de froid et, pour se distraire de sa condition et de l'attente, il repensa à tout ce qu'il avait écrit dans le livre. Chaque jour, il avait relu ses leçons et il les savait presque toutes par cœur, mais la présence de son carnet à ses côtés lui procurait un sentiment de réconfort et de sécurité. Le soir, quand il s'allongeait dans son lit, il aimait le tenir contre sa poitrine. C'était comme si son cœur et son esprit y puisaient leur élan vital. Mais, maintenant, il ne l'avait plus…

À l'aube, la maison sembla se mettre en mouvement. Félix entendit quelques pas descendre, puis la porte de l'échoppe grincer. C'était Éphraïm ! D'un bond, Félix se leva pour le rejoindre. Le vieil homme sursauta de surprise et plissa exagérément les yeux pour voir qui se tenait devant lui. « Ah, mon garçon ! Que puis-je faire pour toi de si bon matin ? lui demanda-t-il.

— J'ai perdu mon carnet hier soir… L'auriez-vous retrouvé dans votre atelier ? » Félix se frottait nerveusement le coude en le questionnant, car il espérait que le vieil homme répondrait *oui*, mais le scribe ne réagissait pas.

« Entre, finit-il par dire. J'ai quelque chose à te demander. » Il libéra le dernier verrou de la porte et invita Félix à le suivre dans son échoppe.

Éphraïm alluma des bougies sur les murs et Félix commença à scruter frénétiquement la pièce à la recherche de son carnet. Il ne le trouva pas.

L'air dans la pièce était lourd. L'atelier empestait l'encre et la colle à parchemins au point de piquer les narines. Éphraïm ouvrit les portes en grand pour laisser entrer l'air frais du matin.

Il lui indiqua un siège près de sa table de travail et ils s'assirent tous les deux. Le scribe s'exprimait dans un latin chaotique et Félix devait prêter une grande attention pour comprendre chaque mot qu'il prononçait avec un fort accent et une tessiture qui n'arrangeaient rien.

« Ce que tu as écrit, dit-il, tout le monde devrait l'apprendre. » Il se releva et se dirigea vers la porte. « Excuse-moi quelques instants », lança-t-il en ressortant et en remontant les marches qui menaient à sa maison.

Manifestement, il ne m'a pas écouté et n'a pas compris que je n'ai plus mon carnet…

Félix ressentait une immense frustration. Qu'insinuait le vieil homme ? À quoi menait cet échange avec lui, puisqu'il avait perdu son carnet ?

Quelques minutes plus tard, Éphraïm revint avec deux timbales fumantes. Il en tendit une au garçon. Le gobelet était brûlant et Félix le tint des deux mains pour se réchauffer, car il était encore frigorifié de sa nuit passée à la belle étoile. À l'odeur, il comprit qu'il ne connaissait pas ce breuvage et il en prit une gorgée pour le goûter. Le liquide transparent était amer, mais il lui réchauffa la bouche, la poitrine, puis le ventre. Pour la première fois de sa vie, il buvait du thé.

Éphraïm s'était confortablement assis à côté de lui. « Je suis navré de toujours me mêler de ce qui ne me regarde pas, mais lorsque Haziq et toi êtes venus hier, j'ai parcouru tes notes », expliqua-t-il en reprenant une gorgée de son thé, puis il posa sa tasse.

Félix, ne pouvant plus se contenir, s'exclama : « Mais, j'ai perdu mon livret ! »

Éphraïm ne réagit absolument pas. Il resta silencieux quelques instants, avant de reprendre : « Les écrits n'ont aucun pouvoir en soi. Ce n'est que lorsqu'ils sont appliqués que les mots prennent vie. Tu es bien inquiet, mon garçon. Si ce que tu as écrit comptait tant pour toi, tu n'aurais pas peur de les perdre. Les mots que tu as couchés sur le papier t'offrent la liberté. Ils n'ont de pouvoir que parce qu'ils sont vivants dans ton cœur. Écris-les à nouveau. » Le vieil homme venait de lancer un défi à Félix.

« Moi aussi, j'ai écrit beaucoup de mots au cours de ma vie, continua-t-il en pointant une pile de parchemins. Seuls ceux que j'ai rendus vivants dans mon esprit sont restés gravés dans ma mémoire. Tes affirmations personnelles représentent une source d'inspiration pour tous les hommes. Les histoires et les paraboles que tu y décris leur donnent vie.

— Mais, personne n'a jamais lu ces histoires ! s'exclama Félix. En dehors de vous, seuls deux hommes connaissent l'existence de ce carnet. Tout d'abord Haziq, puisque c'est lui qui m'a suggéré de le faire en me l'offrant, mais il n'a jamais lu son contenu. L'autre personne est ce Juif mystérieux qui m'a guéri sur la colline. Lui non plus n'a jamais lu mon carnet, mais il semblait savoir ce qu'il contenait. »

Éphraïm ne dit pas un mot. Il avait fixé son regard dans la ruelle et semblait réfléchir. Félix admirait la façon de faire de ces hommes charismatiques qui l'entouraient (Haziq, le Juif sur la colline et maintenant, ce scribe). Tous marquaient de longues pauses pour réfléchir et formuler un propos. Tous cogitaient plus qu'ils ne parlaient. Ils étaient à l'opposé des gens qu'il côtoyait à Rome, dans sa vie d'avant, qui parlaient beaucoup et débitaient machinalement tout ce qui leur passait par la tête. Certes, le peuple romain était tout sauf dénué d'intelligence, mais force était de constater pour Félix qu'en s'embarquant dans ce voyage, il avait rencontré des personnes d'une très grande sagesse.

« Ce qui t'est arrivé est un miracle de Dieu, dit Éphraïm.

— Oui, c'est vrai, acquiesça le jeune homme, je dois tout à cet homme sur la colline ! »

Éphraïm le regardait fixement. « Que vas-tu faire maintenant ? » lui demanda-t-il. Félix supposa qu'il voulait savoir où il allait maintenant se rendre et il répondit : « Je vais rester avec Haziq aussi longtemps qu'il me le permettra. Je n'ai nulle part où aller. Il m'a appris tant de choses et j'ai une grande dette envers lui. J'aimerais l'aider à préparer votre commande et vous la livrer… »

Le scribe l'interrompit et insista : « Que vas-tu faire maintenant que Dieu t'a libéré de ta malédiction ? »

Le garçon fut surpris. Le visage du Juif qui l'avait guéri lui revint à l'esprit, puis les images de son rêve sur le bateau surgirent dans sa tête. Il n'avait pas envie d'en raconter davantage à Éphraïm, ni à propos de ses songes ni de ce que le Juif lui avait demandé de faire ce jour-là, sur la colline. Tout cela l'effrayait, car il n'avait aucune idée de la manière dont il pourrait transmettre ou enseigner quoi que ce soit aux autres.

Il avait peur, et la vision de tous ces gens qui, dans son rêve, partaient les uns après les autres, déçus de ne rien entendre sortir de sa bouche, ne faisait qu'attiser sa crainte. Tout ce qu'il voulait, c'était apprendre à devenir un bon vendeur auprès d'Haziq, pour pouvoir ensuite acheter une terre où faire pousser ses oliviers.

« Tu dois écrire à nouveau pour que les autres apprennent tes leçons, reprit Éphraïm. Le destin t'a poussé jusqu'ici, cela ne fait aucun doute. Chaque homme possède un objectif qui lui est propre. Tu penses sans doute connaître le tien. Certes… Mais ce que tu as écrit dans ton carnet doit être transmis et partagé. Tu as acquis ces principes tout au long de ton voyage initiatique et tu as une histoire puissante à raconter. Te voilà maintenant doté d'un talent que la plupart des hommes possèdent à leur naissance, sans n'avoir jamais appris à l'utiliser à bon escient. Tu as le don de la parole. »

Félix se redressa sur sa chaise et posa sa tasse. Il sentait qu'il ne pouvait plus se défiler. Plus il cherchait des excuses pour repousser cette éventualité, plus ce sentiment enflait dans sa poitrine.

Ce sentiment était celui qu'il avait toujours éprouvé dès lors qu'il devait affronter sa peur, sans aucune issue possible. La même sensation l'avait tiraillé, à chaque recherche d'emploi à Rome, et notamment quand il était entré dans l'office du général le jour de ses dix-sept ans. La même émotion que celle qu'il avait ressentie en venant trouver Éphraïm quelques jours plus tôt, avec un carnet vierge et une note à la main.

Haziq lui avait seriné que c'était ce sentiment qu'il ne devait pas fuir, mais plutôt chercher. « Quand tu as peur, répétait-il avec son accent, c'est le signe que tu fais exactement ce que tu dois faire. Ne recule jamais devant ce qui t'effraie le plus. »

Éphraïm et lui se faisaient face et se regardaient en silence.

« Si j'étais toi, j'écouterais la leçon d'un vieil homme comme moi, et je ne refuserais pas son appel, déclara Éphraïm. Beaucoup d'hommes passent toute leur vie à chercher et attendre ne serait-ce qu'un mot de Dieu. Alors que toi… Il t'a embrassé ! »

Le vieil homme enchaîna en balayant son bras devant lui : « Regarde autour de toi dans cette échoppe. Voici ce que je fais. Voici ce que je sais faire. Réécris ton carnet. Lorsque toi et Haziq aurez livré ma commande, apporte-moi le double que tu as rédigé et je l'utiliserai pour réaliser de nombreuses copies. J'engagerai d'autres scribes pour m'aider. Tu fixeras ton prix et tu pourras le vendre sur les marchés. Félix, regarde ce que tu as devant toi, insista-t-il. Ne cache pas cette sagesse au monde ! »

Les gens s'intéresseraient-ils vraiment à mes écrits ? Mon carnet pourrait-il réellement leur enseigner quelque chose ? Je l'ai perdu ! Serai-je à nouveau capable de l'écrire à l'identique ?

Les questions se bousculaient dans sa tête. Et puis il se disait qu'il était trop jeune pour que les personnes plus âgées le prennent au sérieux. Il n'avait jamais rien écrit auparavant. Dans le même temps, il comprenait qu'Éphraïm avait su déceler quelque chose de fort dans les principes qu'il avait consignés dans son livret.

Il leva les yeux sur le vieil homme : « Admettons que des gens souhaitent acheter ce livret, je devrai alors payer Haziq pour le carnet, tout comme vos services pour la copie que vous en aurez faite, mais je n'ai pas d'argent ! »

Voyant que le garçon s'intéressait au projet, Éphraïm poussa son thé sur le côté et expliqua : « Je t'avancerai mon travail et prendrai une petite somme sur chacune des ventes que tu feras. En revanche, il faudra t'acquitter de l'achat des carnets auprès d'Haziq. »

Félix commençait à se piquer au jeu et il visualisait des gens en train de lire ce qu'il avait écrit...

Était-ce cela que le Juif insinuait, lorsqu'il avait désigné le carnet, là-haut sur la colline ?

Haziq m'apprendrait sans doute à le vendre et chaque fois que j'en vendrais un, je lui en commanderais un autre, et le désir d'Haziq de diffuser son invention dans le monde serait ainsi comblé.

Félix pensa aussi que c'était pour lui le moyen de gagner assez d'argent pour acheter des terres où planter ses arbres. Les réflexions fusaient dans son esprit et il voulait retourner à l'auberge pour discuter du plan d'Éphraïm avec Haziq.

Sur le chemin du retour, une question le taraudait. Il ignorait s'il pourrait réécrire les principes aussi bien que la première fois. En effet, lorsqu'il avait rédigé chacune des leçons, ces enseignements étaient encore très frais dans son esprit. En serait-il à nouveau capable ?

***

« Ton enthousiasme est sain, mais ton succès dépendra uniquement de toi-même. Une fois ton excitation retombée, il ne restera plus que ta persévérance et ta détermination », expliqua Haziq après que Félix lui eut tout raconté.

Haziq était adossé à son siège habituel, sur le toit de l'auberge, où ils aimaient passer leurs soirées à discuter autour d'un repas, de quelques verres de vin et des effluves de sa pipe. Il contemplait la ville depuis un moment et il tourna son regard vers le sud, en direction des collines et des terres qui s'étendaient bien au-delà des murs de Jérusalem.

Au bout de quelques minutes, il reprit la parole : « J'ai longtemps craint de ne jamais avoir l'occasion de transmettre ces principes. Et puis je t'ai rencontré. Toi, le muet tétanisé, qui fuyait sans savoir où aller. Au début, quand j'ai évoqué ces postulats avec toi, je me suis dit que je perdais mon temps et ma salive, mais cela m'a fait du bien de les extraire de ma vieille tête et de les partager avec quelqu'un.

« J'ai nourri beaucoup de regrets dans ma vie, poursuivit-il. Et comme je te l'ai déjà dit, l'un d'entre eux était de ne jamais avoir partagé mon savoir avec quiconque, en le gardant jalousement pour moi. Certes, ces principes m'ont servi de guide et m'ont permis de devenir riche, en adoptant de meilleures habitudes et en me créant une vie intéressante. »

Haziq se tut. Il réfléchit, puis il reprit : « J'ai eu tort. Je me suis totalement trompé sur ton compte. Or je sais maintenant pourquoi je t'ai remarqué sur ce quai. J'ai d'abord cru à un présage. Je n'avais aucune idée de ce qui résulterait de notre rencontre… » Félix l'écoutait sans broncher. Il avait du mal à suivre le fil de cette conversation, mais il appréciait l'intimité de leur échange. Haziq poursuivit : « Certes, tout cela a de quoi t'effrayer, car il n'est pas facile d'être vulnérable avec ses pensées les plus profondes. Mais si quelqu'un a réellement la capacité de partager ce trésor avec le monde, cette richesse intellectuelle, c'est bien toi, mon garçon. Et une chose est sûre… » Il marqua une pause, plongea ses yeux dans ceux de Félix et reprit : « … tu dois écrire à nouveau ! »

CHAPITRE 14

L'histoire s'écrit

L**orsque l'on a un objectif** à atteindre, le sommeil revêt soudain nettement moins d'importance et devient moins attirant.

Félix s'était encore levé tôt. Il se réveillait de plus en plus facilement et avait pris l'habitude de sauter du lit avant que les bras de Morphée ne l'attirent à nouveau.

À sa grande surprise, Haziq était déjà dehors et avait attelé l'âne à la charrette. Un cheval attendait à côté d'eux, avec des paquets attachés sur chacun de ses flancs.

« Où allons-nous ? demanda Félix, perplexe de trouver Haziq sur le départ sans lui en avoir touché mot la veille.

— Où vais-je ? Je pars. Pas toi », rectifia Haziq. Il n'avait pas levé les yeux vers lui, car il était occupé à nourrir l'âne.

« Tu restes ici pour écrire. Éphraïm t'enseignera ce qu'il faut et tu pourras ainsi travailler jusqu'à ce que le livre soit prêt à être reproduit et lu. J'ai déjà payé ton séjour à l'aubergiste. » Il fouilla dans sa besace et en sortit une petite bourse en cuir qu'il tendit au garçon. Le tintement des pièces, mais surtout le poids de la petite poche de cuir, fit comprendre à Félix qu'il avait plus d'argent qu'il n'en avait jamais possédé.

« Pour toi ! lui dit Haziq. Voici de quoi payer tes repas. Paie Éphraïm pour ton encre et tes fournitures, car tout cela est fort coûteux. Et n'oublie pas d'écrire de la façon la plus universelle possible. Veille à ce tout le monde puisse comprendre et appliquer les principes que tu décris. Fais en sorte que les hommes les plus humbles puissent les comprendre et les adopter à leur tour.

— Où vas-tu ? » demanda Félix, toujours dans l'attente d'une réponse quant à la destination de l'homme. Il était très mal à l'aise d'avoir autant d'argent dans les mains, gêné de la somme qu'Haziq lui avait remise, mais en même temps conscient qu'il avait besoin de fonds pour s'assumer.

« Je rentre chez moi. J'ai des commandes à honorer, sans compter les livres que je dois préparer pour toi. À ce propos, tu ne me devras rien tant que tu n'auras pas vendu et je te ferai un bon prix. Je suis si heureux que tu aies su donner à ces carnets vierges une utilité. Ils sont maintenant attendus et vont connaître le sort que j'espérais pour eux », dit-il en resserrant les sangles autour de l'animal et en veillant à équilibrer les charges.

Félix gardait le silence. Il savait que les mots étaient parfois vides de sens. Lui qui avait été muet savait exprimer sa gratitude de manière plus significative, notamment à travers les traits de son visage qui pouvaient refléter toutes les émotions. Depuis qu'il parlait, il trouvait que les mots qu'il prononçait exprimaient rarement la profondeur de ce qu'il ressentait vraiment. Il n'essaya par exemple pas de se confondre en remerciements pour tout ce qu'Haziq venait de lui offrir, redoutant d'atténuer par des paroles la gratitude qu'il ressentait intérieurement. Il préféra accrocher sur son visage un très large sourire pour témoigner toute sa reconnaissance à son mentor.

« J'ignore combien de temps il me faudra, mais lorsque je serai de retour, tout sera opérationnel », dit Haziq en grimpant sur le cheval et en tirant la longe de l'âne.

Habituellement, Haziq portait de longues robes confectionnées dans de riches étoffes. Félix avait compris qu'il aimait bien faire étalage de ses beaux atours, et c'était probablement l'une des raisons qui assuraient son succès dans le commerce de textiles. Haziq avait toujours une allure princière, qui ajoutait à la magnificence des toilettes qu'il arborait.

Ce matin-là, il était vêtu tout à fait différemment et il ressemblait davantage à un soldat arabe qu'au marchand riche et élégant. Il avait attaché une épée à sa taille et seuls ses yeux perçaient à travers le turban qui descendait de sa tête pour cacher sa bouche et sa barbe. Ce couvre-chef ingénieux lui permettait de se protéger du froid matinal, mais aussi de la chaleur du soleil pendant la journée.

Il n'avait pas prévu beaucoup d'arrêts entre Jérusalem et Césarée, car il voulait effectuer un voyage rapide. Sans doute était-ce la raison pour laquelle il avait pris un cheval.

Félix regarda l'homme s'éloigner et il ne vit bientôt plus que les silhouettes du cheval et de l'attelage s'évanouir dans un virage.

Il fut soudain saisi d'un terrible effroi. Haziq semblait pressé de rapporter les carnets vierges à Jérusalem pour diffuser ses leçons au grand public. À travers leurs encouragements et leur vision, Haziq et Éphraïm avaient placé toute leur confiance en lui. C'étaient eux qui l'avaient poussé à entrevoir l'éventualité d'un succès, mais Félix redoutait maintenant de les décevoir. Et à présent, Haziq venait de s'élancer tout seul dans un dangereux périple…

Et s'ils se trompaient ?

Et si personne n'achetait ce livre ?

Pris d'un malaise, Félix inspira profondément pour se calmer et il tenta de chasser toutes ces pensées de son esprit. Il connaissait cette peur. Elle l'avait paralysé pendant tant d'années et il refusait d'y céder.

« Les mots prononcés mettent la vie en mouvement », répéta-t-il à haute voix. Il savait qu'il allait devoir réaffirmer sa propre foi en lui-même s'il voulait accomplir sa mission.

Éphraïm et Haziq étaient beaucoup plus âgés et plus sages que lui, pensa Félix. Aussi seraient-ils en mesure de comprendre et d'affronter l'échec de ce projet s'il devait survenir. Le jeune homme n'avait pas vraiment d'échappatoire. Il était trop tard pour refuser. Beaucoup trop tard pour changer d'avis.

***

Lorsqu'il arriva à l'échoppe du scribe, Éphraïm travaillait déjà à la lumière des bougies. Lorsqu'il vit Félix dans l'embrasure de la porte, il lui sourit et l'invita à entrer. Ils passèrent toute la journée à travailler et Félix ne quitta l'atelier que pour se dégourdir les jambes et reposer sa main de l'écriture.

Éphraïm avait demandé à Félix d'écrire toute son histoire, en repartant de ses tout premiers souvenirs d'enfance et jusqu'à sa vie actuelle. Il l'avait incité à consigner chaque incident de taille, tout ce qui l'avait fait pleurer, mais aussi tous ses moments de joie. Félix l'avait écouté, puis il s'était mis à écrire et réécrire les pans de sa vie.

Il ferma ensuite les yeux et récita les leçons de mémoire, avant de les coucher sur le papier.

Toutes les heures, le vieil homme contrôlait son travail en jetant un coup d'œil par-dessus son épaule. Quand cela s'avérait nécessaire, il indiquait une correction au jeune homme, qui l'écoutait et recommençait.

« Ne cherche pas à être poétique, lui dit Éphraïm. Raconte ton histoire de manière authentique. N'essaie pas de penser à la manière dont les gens aimeraient que tu la racontes. Sinon, mieux vaut arrêter et repartir de zéro. L'histoire de chacun est unique, mais la plupart des gens enfouissent la leur par honte, sans réaliser tout le pouvoir qu'elle recèle. En craignant d'être différents, ils renoncent ainsi à leur expérience. »

Félix passait plus de temps les yeux rivés sur le papier sans bouger qu'à écrire. Il luttait contre les voix qui s'élevaient dans sa tête pour lui intimer de ne pas se montrer vulnérable. Félix avait déjà trouvé très intimidant le fait d'être lu par Éphraïm et il redoutait de l'être par tout le monde.

Il se mit à écrire et à décrire toutes les nuits passées à pleurer de rage et de colère, tous les jours vécus dans la solitude et la crainte d'un nouveau rejet. Puis il relata sa décision de fuir après avoir abandonné son rêve.

Il ne comprenait pas pourquoi le vieil homme insistait pour connaître les moindres détails de cette époque. Lui n'en voyait pas l'utilité.

« Je peux comprendre en quoi les principes que j'avais consignés dans mon carnet peuvent intéresser le monde, dit-il au vieux scribe, car ils ont changé ma vie et pourraient transformer celle d'autrui. En revanche, qui pourrait s'intéresser à mon parcours misérable ? Ce n'est pour moi qu'un piètre souvenir qui témoigne uniquement de mon manque de persévérance.

— Beaucoup de gens deviennent esclaves de pensées destructrices, lui répondit Éphraïm, mais ton point de vue et ton cheminement de la défaite à la victoire peuvent réellement changer leur vie. Lorsque tu montres tes faiblesses, il est vrai que les autres peuvent en rire ou te juger pour cela, mais au fond d'eux-mêmes, ils comprennent. La vulnérabilité relie les hommes entre eux. Elle nous permet de nous comprendre mutuellement. Les gens veulent se retrouver dans ton histoire et c'est grâce à cela qu'ils auront envie de te suivre. C'est en leur montrant que tu es sur le même bateau qu'eux qu'ils te feront suffisamment confiance pour t'écouter. Les émotions ne sont pas un indicateur de faiblesse, mais un signe d'humanité. Ne l'oublie jamais. Si tu veux réussir, dans n'importe quel domaine de la vie, apprends à te connecter aux autres. »

Éphraïm lui parlait sans lever un cil de son ouvrage. Félix l'écoutait silencieusement, comme il en avait l'habitude.

Je devais avoir l'air si sage quand je ne pouvais pas parler, pensa-t-il en se moquant de lui-même.

Chaque matin, Félix se rendait à l'atelier d'Éphraïm. À la fin de la journée, ses mains étaient couvertes d'encre. Éphraïm rabâchait sans cesse : « Ne cherche pas à être intelligent. Comme tu avais écrit simplement pour toi-même, écris pour les autres. »

Le soir, le jeune homme se dirigeait vers la colline où il espérait croiser à nouveau le mystérieux Juif. Quand il déambulait dans l'oliveraie, il se surprenait de temps à autre à se retourner pour vérifier s'il ne se tenait pas derrière lui. Le garçon avait encore de nombreuses questions sur Dieu à lui poser. Il passait là les dernières heures du jour, à contempler la ville et la campagne qui l'entourait.

Il sentait qu'il évoluait et savait qu'Éphraïm n'avait pour seul but que de le pousser à atteindre la perfection.

À Rome, lorsqu'il s'était retrouvé confronté à des difficultés, il avait toujours abandonné avant de passer à autre chose. Aujourd'hui, il était mû par le désir de prouver à ses mentors qu'ils avaient raison, ce qui l'avait d'ores et déjà poussé à aller très loin. Récemment, il avait souvent pensé à abandonner, mais il s'y était systématiquement refusé, sachant qu'ils avaient foi en lui. Abandonner n'était désormais plus une option. Il ne les laisserait pas tomber, et la moindre pensée d'échec qui jaillissait dans son esprit l'agaçait. Il avait d'ailleurs remarqué que cela ne faisait que l'inciter à redoubler d'efforts et que sa persévérance augmentait. Certains soirs, lorsqu'Éphraïm prenait congé de lui, Félix restait dans l'échoppe et continuait à écrire jusque tard dans la nuit.

S'il n'avait pas rencontré Haziq et Éphraïm, Félix était sûr qu'il serait devenu mendiant ou, pire, qu'il serait mort. Mais ses nouveaux amis d'âge mûr avaient su lui dépeindre l'image d'une vie digne d'être vécue.

La qualité des gens qui nous tiennent compagnie exerce une influence directe sur la qualité de la vie que l'on mène, songea-t-il.

Les jours passèrent et la ville de Jérusalem sonna le début des festivités de la Pâque juive. Éphraïm était croyant et il suivait à la lettre la succession de rituels et de traditions, laissant souvent Félix seul à l'atelier. Il vérifiait cependant une à une les pages que noircissait le jeune homme, dont la rédaction touchait presque à sa fin.

Félix appréciait de plus en plus son travail d'écriture, car il lui permettait d'évacuer de sa tête l'histoire de sa vie, en la visualisant sous un angle tout à fait nouveau. Ce projet avait fait remonter des souvenirs depuis longtemps oubliés. Il se remémorait désormais jusqu'aux mots que les gens avaient prononcés, aux regards qu'ils avaient lancés et à la négativité qui avait monopolisé son esprit, réaffirmant sans cesse son incapacité à créer la vie qu'il souhaitait. À chaque réminiscence douloureuse, il se rendait compte du temps qu'il avait passé à se complaire dans sa propre misère.

Il se souvint du jour fatidique de ses six ans où la femme qui l'avait élevé à l'orphelinat avait tenté de lui expliquer pourquoi, contrairement aux enfants de la ville, il n'avait pas de père ni de mère. Il ne s'était jamais senti aussi seul qu'à cet instant-là.

Il pleura même en se rappelant toutes les fois où il avait essayé de parler comme les autres. Il fut assailli par la honte en se remémorant Licinia, quand elle avait voulu lui remonter le moral et l'encourager, mais qu'il lui avait lancé un regard furieux, préférant ronger son frein et s'apitoyer sur lui-même.

À l'époque, son handicap était sa meilleure excuse pour tout et, rétrospectivement, il regrettait toutes les occasions où il l'avait utilisé pour se justifier. Il déplorait le temps perdu à comparer sa vie à celle d'autrui pour voir ce qu'il n'avait pas. S'il avait appris, naguère, à contourner ses limites, il aurait pu faire tout autrement en grandissant, au lieu de se complaire dans sa triste condition.

Pour rien au monde, il n'échangerait ce voyage initiatique qu'il avait entamé. Il savait maintenant qu'il se trouvait exactement là où il devait être. Cependant, l'image de Licinia hantait son esprit et il regrettait toutes leurs occasions manquées, toute la joie et la beauté des jours passés à ses côtés sans avoir su en profiter. C'était douloureux et lourd à porter. Aussi, il ne voulait plus voir un seul jour de sa vie entaché par le sentiment du regret.

Cette perspective l'avait poussé à travailler sans relâche et à achever sa plus grande réalisation. Il était persuadé que s'il restait fidèle à ses leçons et qu'il les incarnait au quotidien, son rêve de posséder ses propres oliveraies finirait par se réaliser. Pour l'heure, il devait se consacrer à son travail avec conviction, car si ces hommes croyaient en lui, il devait lui aussi croire en lui-même.

« Je transformerai ma douleur en la plus belle histoire jamais racontée », déclara-t-il.

CHAPITRE 15

Le lieu du crâne

« **Je n'arrive pas à croire** qu'ils fassent encore la fête… », marmonna Félix en fermant la porte de l'échoppe.

Mais le vacarme ne faisait que croître et les chants hébreux réussissaient à traverser les murs. Le jeune homme ne comprenait rien à cette langue, mais les clameurs de la foule ne lui semblaient pas joyeuses et même plutôt moqueuses. Il sortit et trouva dans la rue une foule dense qui se bousculait autour d'un groupe de soldats.

Les gens se ruaient de toutes parts pour se joindre à l'assemblée déjà immense. Certains restaient campés sur le toit de leur maison ou se penchaient à leur fenêtre pour suivre le passage de la procession. Des soldats romains tentaient d'écarter les gens et des claquements de fouet résonnaient çà et là, libérant temporairement le passage.

Félix gravit rapidement les marches qui menaient chez Éphraïm, puis il se hissa jusqu'au toit en escaladant le mur. De son perchoir, il pouvait parfaitement observer la scène. Au premier regard, il comprit de quoi il était le témoin.

Les soldats romains escortaient un criminel qui avait été condamné à mort.

Mais pourquoi cet acte assez banal attirait-il tant de monde ?

Félix comprit alors que l'événement devait revêtir un caractère exceptionnel pour mobiliser les foules.

Devant ce spectacle, une sensation familière l'envahit. Quelques mois seulement s'étaient écoulés depuis son dernier tour de garde au pied des condamnés à mort et sa décision de fuir Rome. Ce travail lui avait toujours tordu les boyaux et, malgré les nombreuses mises à mort auxquelles il avait assisté, il n'avait jamais surmonté ce grand sentiment d'effroi.

La procession à laquelle il assistait lui semblait quelque peu étrange. Le criminel avait visiblement été battu et il portait lui-même sa propre croix. Sa robe était maculée de sang des épaules jusqu'aux pieds et son visage était tuméfié au point que l'un de ses yeux était enflé.

Cet homme a dû faire quelque chose de terrible, pensa Félix.

Il savait que les Romains condamnaient souvent un homme à la flagellation, qui le conduisait généralement à la mort, mais jamais il ne les avait vus fouetter un homme avant de le pendre à une croix.

L'homme trébucha plusieurs fois sous le poids de l'énorme poutre de bois qui reposait sur son dos. Chaque fois qu'il tombait, les soldats claquaient le fouet sur son corps et il se relevait péniblement. Félix se demandait pourquoi la foule interagissait de manière si passionnée. Les gens applaudissaient même à chaque charge brutale des soldats. Ce criminel avait-il assassiné quelqu'un pendant les festivités ? Quel crime pouvait susciter une telle haine et une telle colère du peuple ?

Éphraïm finit par rejoindre le jeune homme sur le toit, cherchant lui aussi la raison d'une telle agitation.

« C'est une crucifixion, lui dit Félix en désignant la foule qui avançait juste en dessous d'eux.

— Je vois bien, répondit Éphraïm. Ce doit être l'homme qui a blasphémé Dieu. »

Médusé par ce qu'il venait d'entendre, Félix se tourna vers Éphraïm, la mâchoire grande ouverte. « Ils l'exécutent pour avoir blasphémé ? » répéta-t-il, perplexe. Il ne comprenait pas en quoi le fait qu'un homme juif blasphème un dieu juif pouvait intéresser les soldats romains.

Malgré l'occupation romaine dans la région, les populations locales avaient toujours le droit de croire aux dieux qu'elles voulaient… Alors en quoi était-ce un crime ?

« J'ai entendu parler de cet homme, dit Éphraïm. On dit qu'il s'appelle Jésus de Nazareth. Il prétend être un fils de Dieu. »

Félix n'avait posé aucune question, mais le vieux scribe avait compris que l'identité du condamné l'intriguait.

« Les religieux du pays le détestent parce qu'il leur a causé beaucoup de torts, en particulier au cours des festivités de cette année. Son influence est immense et il met en péril le contrôle que les religieux exerçaient jusque-là sur le peuple, ajouta Éphraïm.

« Il a enseigné aux hommes un nouveau chemin menant à Dieu, une voie qui n'exige pas de règles, d'argent ou de sacrifices de leur part et les religieux ne voient pas cela d'un bon œil. Ces gens sont des moutons. Ils suivent leurs propres bourreaux, ceux qui les ont emprisonnés par la peur, et ils rejettent tout ce qui est différent ou sort de l'ordinaire. Ils ne pensent pas par eux-mêmes. »

Les narines du vieil homme se dilataient en parlant et il fronçait les sourcils. Il semblait révulsé par le spectacle auquel il assistait.

« Je n'ai jamais vu cet homme, dit Éphraïm, mais il paraît qu'il a redonné espoir aux gens. Les responsables du temple le craignent, car il desserre leur emprise sur les foules. »

Il continua à observer la foule qui remontait la rue en direction des portes de la ville.

« Qu'entonnent-ils ? demanda Félix.

— "Crucifiez-le !" » répondit le vieil homme.

Pointant la foule du doigt, il tourna son regard vers le jeune homme.

« Voilà pourquoi tu ne dois pas craindre que les gens lisent ce que tu écris. Ces gens-là ont besoin de ton livre… Regarde-les ! Ils ne connaissent qu'une seule voie à suivre, qu'ils n'ont d'ailleurs pas choisi d'emprunter par eux-mêmes. On leur a dit de la suivre. Il faut qu'ils apprennent à penser par eux-mêmes. Aujourd'hui, ils s'apprêtent à tuer un homme sous prétexte qu'il a offensé Dieu, mais ils ne connaissent pas Dieu. Ils ne comprennent pas que la voie de Dieu est celle de l'amour et que cela n'a rien à voir avec cette passion zélée et malavisée. Regarde ce que la religion a fait, poursuivit-il. Elle emprisonne leurs esprits et ils emprisonnent à leur tour ceux qui les entourent. Elle a transformé les lions en brebis et ils suivent les mauvais bergers.

— Ils me tueront de la même façon ! s'écria le jeune homme en regardant la foule.

— Non, lui répondit Éphraïm. Tu as écrit de manière authentique, en rédigeant chaque principe de façon limpide, de sorte qu'il soit accessible à n'importe quel homme, même simple d'esprit. Tu ne déclares pas la guerre à une religion ou à un dieu. Tu présentes des leçons que l'on peut appliquer et grâce auxquelles on peut réellement mieux vivre. Non, s'ils devaient tuer quelqu'un, ce serait moi. C'est la raison pour laquelle je ferme ma vieille bouche. On ne peut pas remplir les vieilles outres avec du vin nouveau, car elles éclateraient. En revanche, une nouvelle génération va émerger après celle-ci, et si on ne lui enseigne pas une autre façon de faire, elle perpétuera ce cercle vicieux. »

Ils restèrent là, debout, et observèrent en silence la foule en train de se déchaîner. Soudain, le cœur de Félix se serra. La longue robe ensanglantée du criminel et cette corde nouée autour de sa taille lui étaient familières. En s'agrippant au bord du toit, il bondit et sauta dans les escaliers, avant de dévaler les marches, en volant presque.

Il courut derrière la foule et il s'y engouffra.

On dirait le Juif qui m'a guéri ! Ce n'est pas possible !

L'image de l'homme providentiel tournait en boucle dans sa tête. Était-ce bien celui qui avait eu pitié de lui sur la montagne et qui lui avait témoigné un amour qu'il n'avait jamais connu avant ?

Il bouscula les personnes qui se trouvaient devant lui et se baissa pour passer entre elles et se rapprocher au plus vite du centre de la procession.

« Monsieur ! hurla-t-il en direction de l'homme qui portait la croix. Monsieur ! » répéta-t-il. Mais, au même moment, un soldat le saisit par la poitrine et le projeta dans la foule. Il parvint rapidement à se relever et reprit sa course pour s'approcher le plus possible du condamné dont il voulait voir le visage.

Il courut à l'avant du cortège, espérant mieux voir le protagoniste. Il se trouvait désormais près de la porte principale de la ville, non loin de l'auberge où Haziq et lui avaient pris leurs quartiers. Un soldat tourna subrepticement le dos à la foule et le jeune homme en profita pour s'engouffrer à nouveau dans la masse afin d'atteindre le condamné.

« Monsieur, êtes-vous l'homme de la colline ? hurla-t-il en tirant sur sa robe, conscient qu'il serait difficile d'être entendu avec une telle clameur. Vous souvenez-vous de moi ? » tenta-t-il à nouveau.

L'homme avait un œil tuméfié et presque clos et le visage ensanglanté, mais il parvint à fixer le jeune homme de ses yeux bruns. C'était lui !

« Je… je me souviens de toi », murmura l'homme dans un souffle étouffé par la lourde charge qu'il portait. Félix s'agenouilla et se glissa sous la poutre transversale pour prendre un peu de poids sur son épaule.

Quand la croix de bois fut en place sur son dos, un grand bruit sourd retentit dans son oreille et les ténèbres prirent le pas sur tout. Félix s'effondra au sol. Un soldat était posté au-dessus du jeune homme et le frappait avec une longue massue, tandis que Félix se protégeait le visage avec les mains comme il le pouvait.

« La prochaine fois que je te vois ici, tu connaîtras le même sort que lui ! » hurla le soldat, avant d'asséner un dernier coup de pied au garçon et de rejoindre les siens.

L'entaille créée par le coup sur sa tête saignait, mais Félix parvint à reprendre ses esprits et à se relever sur le chemin de terre, puis il courut jusqu'à l'auberge où Haziq devait être enfin rentré de voyage. Le jeune homme espérait qu'il pourrait faire quelque chose et il courut aussi vite que possible. Malgré son corps perclus de douleurs, il fonça sans s'arrêter jusqu'à l'auberge.

Haziq venait de poser ses bagages et lorsque Félix fit irruption dans sa chambre, le visage en sang, il laissa tomber le livre qu'il tenait dans ses mains. À bout de souffle, le jeune homme était incapable de parler. Seuls quelques mots sortirent de sa bouche de façon saccadée : « L'homme... Celui... qui... m'a guéri... Ils vont... le tuer ! »

Haziq se précipita au-dehors pour voir passer le cortège qui se dirigeait vers le sud par une route qui montait vers une falaise. Félix lui emboîta le pas et ils se joignirent à la foule qui passait devant eux et marchait vers la colline escarpée.

Le visage d'Haziq était empreint de gravité. Depuis leurs retrouvailles et leur entrée dans la procession, il n'avait pas dit un mot. Contrairement à Félix qui était assez hystérique, lui restait extrêmement calme et sombre.

La foule, qui continuait de chanter, s'arrêta au sommet de la colline, où les soldats avaient déjà demandé au Juif de s'allonger sur la poutre et d'étirer les bras. Rapidement, les rebonds métalliques de marteaux contre des clous que l'on enfonce dans le bois résonnèrent dans la vallée. Un nombre important de militaires s'était regroupé sur la colline et deux autres criminels avaient déjà été crucifiés. Plus bas, toujours dans le flot compact de la foule, Félix et Haziq continuaient leur ascension. La montée était ponctuée de panonceaux vieillis sur lesquels des mots que Félix ne pouvait décrypter semblaient indiquer une direction. Haziq lisait et répétait dans sa langue le mot « *Golgotha* », sans expliquer plus avant ce que cela signifiait. Quelques mètres plus loin, un écriteau avait été rivé à l'un d'eux. Celui-ci affichait cette fois une indication en latin, que le jeune homme comprit sur-le-champ. Elle disait : « Lieu du crâne ». Félix fut saisi d'effroi. Comme il avait été garde à Rome, il savait parfaitement que le lieu du crâne, appelé aussi « Calvaire », était la place où l'on attachait les condamnés à mort sur la croix. Il tomba à terre et se mit à vomir.

Haziq le rattrapa des deux mains et le releva immédiatement. Il le secoua en criant : « Quand nous serons arrivés au sommet, tu as intérêt à te contenir et à te taire ou ils t'exécuteront ! »

Félix ne répondit rien, penaud, et reprit le cours de la procession, marchant quelques mètres derrière Haziq. Chemin faisant, le jeune homme commençait à comprendre que son mentor avait beau être d'une grande sagesse, il ne pouvait rien faire pour sauver le Juif.

Face à la colline qu'ils gravissaient, Félix apercevait le mont aux oliviers où il avait rencontré l'homme mystérieux et décida de le fixer du regard pour ne pas penser au supplicié nu et rivé à sa potence. Malgré tous ses efforts, des larmes commencèrent à jaillir sur son visage et il ne put bientôt plus contrôler le flot de ses pleurs.

Félix était habité par la colère. Seule une rage féroce l'animait et il éprouvait de la haine et du dégoût pour l'humanité. Romains, Arabes ou Juifs, il détestait tous les hommes.

La foule continua à se presser jusqu'à ce qu'une forte pluie se mette à tomber sans discontinuer et les pousse à se disperser. Dans son rêve, Félix était celui qui tentait de parler et le Juif était le seul homme à rester après que l'assistance se fut retirée. Maintenant, l'homme sur la croix affrontait la foule qui désertait peu à peu et seuls Haziq, Félix et une femme en pleurs se tenaient aux côtés des soldats qui le veillaient. Tous étaient trempés de la tête aux pieds.

À plusieurs reprises, le Juif rassembla toutes ses forces, il se hissa sur la croix et cria en araméen : *« Eloi Eloi lama sabachthani !* » Chaque fois, Félix s'avançait, dans l'espoir que c'était à lui que l'homme parlait.

Au bout de quelques heures, le mourant inclina sa tête dans leur direction. Ses yeux étaient clos.

Dans un souffle, il parvint à dire : « Abandonne la haine qui t'étreint, mon garçon, car c'est du poison. » Puis il s'étrangla en prononçant ces mots : « Ils ne connaissent rien de mieux. Fais ce que je t'ai demandé. »

Hagard, Félix leva la tête. Plus aucune larme ne sortait de son corps exsangue. Incapable de parler, il hocha la tête, en signe d'acquiescement. Le jeune homme ne savait pas comment il remplirait sa mission. Autour d'eux, les soldats romains avaient cessé de discuter, abasourdis par la scène qui se déroulait sous leurs yeux, en latin et non en hébreu !

Debout face à l'homme en croix, Félix buvait chacun des mots qu'il prononçait, lui qui faisait tout pour éviter le dialogue avec les condamnés qu'il surveillait à Rome.

Félix avait désormais une certitude, il ne voulait plus vendre son livre, mais plutôt le réduire en pièces dès son retour. Aucun de ces hommes lâches et cruels ne méritait d'apprendre les principes qui avaient transformé son existence. Des personnes faisant preuve d'une telle arrogance

* Mon Dieu, mon Dieu, pourquoi m'as-tu abandonné ?

et d'un tel aveuglement ne pouvaient pas comprendre la valeur de ses précieuses leçons.

Pourtant, l'homme sur la croix avait insisté. Et le jeune homme était maintenant déchiré entre la rage qui l'animait et le devoir que l'homme lui imposait.

Il prit soudain conscience de quelque chose.

Moi aussi, j'ai été comme eux. J'étais rempli de rage et mes échecs avaient fait de moi un homme amer. J'accusais alors tous ceux qui m'entouraient d'être plus chanceux que moi.

Moi aussi, il y a encore peu de temps, je n'avais aucune idée du but de mon existence. Je ne savais pas non plus ce qu'il fallait à un homme pour mener une vie extraordinaire et pour trouver sa véritable raison d'être. Moi aussi, j'ai traversé la vie, sans objectif, en suivant la foule.

Il y avait deux types d'hommes, pensait-il. Ceux qui sont passionnés et mal dirigés, qui s'accrochaient à une croyance pour faire partie de quelque chose qui le dépasse. Juste pour croire en quelque chose. Et puis il y avait des personnes comme lui, ou plutôt comme le garçon qu'il avait été. Des êtres qui n'avaient rien à quoi se raccrocher, qui erraient dans la vie sans but précis, sans cap, sans orientation, sans destination. Tout ce qu'ils avaient était l'espoir qu'un jour la vie finirait par leur livrer leurs rêves sur un plateau d'argent.

Les uns comme les autres avaient tort, et tous avaient beaucoup à apprendre de ces principes en or.

C'est sans doute la raison pour laquelle l'homme qui agonisait au-dessus de lui avait tant insisté auprès de lui pour qu'il accepte sa mission.

Félix s'assit dans la boue, le visage entre les genoux. La pluie froide coulait le long de son cou. Il frissonnait mais refusait de bouger. Haziq attendait non loin de lui, immobile et grave. Il marmonnait dans sa barbe.

Il finit par s'approcher de la croix et il leva les yeux vers le supplicié. Il leva ses mains tremblantes et répéta d'une voix chevrotante : « Je suis un homme de prière… Ma religion n'est pas celle des Juifs. Je ne suis pas non plus la religion dans laquelle j'ai été élevé. Je me contente de prier. Je prie Dieu et Il me guide… »

Haziq se tut, il baissa les yeux et garda le silence pendant un moment, avant de reprendre : « Êtes-vous… celui dont Il a annoncé la venue ? Êtes-vous celui que nous attendions ? »

La poitrine de l'homme palpita lentement et il parvint à s'exprimer : « Ce n'est pas par ta sagesse que cela t'a été révélé, mais par ta foi. »

Haziq s'agenouilla et se mit à pleurer amèrement.

Un frisson parcourut la colonne vertébrale de Félix. Cet homme qu'il avait rencontré depuis si peu de temps et qu'il connaissait pourtant si bien avait toujours fait preuve de tant de force. Il ne l'avait jamais vu se laisser influencer par les aléas de la vie ni montrer ses émotions. Il ne s'était pas plus ému de l'attaque par les pirates qu'il ne s'était réjoui de la première belle vente qu'il avait réalisée. Félix n'en revenait pas de le voir agenouillé et sanglotant.

Le Juif en croix leva les yeux sur Haziq et Félix, assis dans une mare de boue maculée de sang, puis il plongea son regard dans les yeux du jeune homme, qui tremblait de froid, mais aussi d'émotion. À cet instant-là, l'Univers tout entier sembla jaillir des pupilles du condamné et pénétrer l'âme de Félix, qui comprit alors ce que son mentor semblait déjà savoir. Il sut qu'il était en train de regarder dans les yeux de Dieu.

CHAPITRE 16

« Tu dois choisir de croire »

L**e Juif inspira une dernière** fois avant de lancer un cri en hébreu, les yeux levés vers le ciel. Félix attendit qu'Haziq lui traduise ses mots, mais il restait prostré au sol, la tête entre les mains. C'est alors que l'homme en croix mourut dans un dernier souffle, laissant choir son menton sur sa poitrine.

***

« La foi est un principe qui ne s'enseigne pas, mais c'est le plus précieux de tous. C'est une notion que chaque homme doit découvrir par lui-même », expliqua Haziq. Tandis qu'il parlait à Félix, le soleil couchant donnait à la peau d'Haziq une teinte dorée.

Félix ne put qu'acquiescer, car après avoir regardé dans les yeux du supplicié, il avait compris qu'il lui manquait quelque chose. Il n'avait pas la foi en la source même qui lui avait donné la vie.

Une semaine s'était écoulée depuis la crucifixion du Juif et les deux hommes étaient assis sur la terrasse du toit de l'auberge. Le livre de Félix était presque terminé et ce dernier avait l'esprit agité. Il voulait ajouter quelque chose à ce qu'Haziq venait de dire, mais il ne trouvait pas les mots.

« Ne pas croire en Dieu, c'est ne pas croire au pouvoir que l'homme possède, continua Haziq. C'est retenir son souffle et ignorer la source même qui emplit ses poumons. C'est être un poisson dans l'eau, sans savoir ce qu'est l'eau, pourtant omniprésente et omnipotente. Il ne faut pas suivre une religion, des règles ou d'autres hommes qui n'enseignent qu'une fraction de la vérité. Il faut chercher à se connecter à cette source qui n'appartient qu'à soi-même et ce n'est qu'à ce moment-là, lorsque l'on n'est plus entravé par les perceptions et les idées des autres, qu'on la comprendra pleinement. »

Haziq se tourna vers Félix. « Il y a une parabole que j'ai entendue il y a longtemps, dit-il. Un aveugle touche la queue de l'éléphant et affirme : "L'éléphant est une créature longue et ronde, comme un serpent." Un autre touche l'oreille de l'éléphant et dit : "L'éléphant est une créature mince et plate, comme une raie." Un autre encore touche sa trompe et proclame : "L'éléphant est comme un pilier." Les expériences des trois hommes ont limité leur compréhension de l'éléphant, expliqua Haziq. Aucun d'entre eux n'a saisi la totalité de l'animal. C'est ce même aveuglement qui pousse l'humanité à se déchirer, les guerres à éclater et les hommes à s'affronter. Ils n'ont pas su voir Dieu. Ne faites pas taire cette petite voix calme avec laquelle Il s'exprime. Ce n'est pas à travers le tonnerre et les éclairs qu'Il parle, mais dans le murmure du vent ou dans la chaleur du soleil sur le visage de ceux qui ont le cœur brisé. Il est dans le bourgeonnement d'un jeune olivier. Ouvre ton cœur et crois. »

Félix sut qu'il lui restait une leçon à écrire.

Onzième leçon

« Tu dois choisir de croire »

Même si je ne vois pas, je choisirai de croire.
Même si je n'entends pas, je choisirai de croire.
Même si je ne comprends pas, je choisirai de croire.
Ce n'est pas dans la sagesse de l'homme que réside le Créateur, mais Il vit dans la simplicité d'un enfant.
Ce n'est pas par la logique que je comprendrai, c'est par l'esprit brisé que j'apprendrai à croire.
Le monde est bouleversé par ceux qui croient et ceux qui ne croient pas, mais je n'apprendrai rien de l'un ou de l'autre. Je rechercherai Sa présence dans tout ce que je fais et c'est là que j'apprendrai à croire.
C'est de Son souffle que mes poumons sont remplis.
C'est par Sa main que mon cœur bat pendant que je dors.
C'est par Sa volonté que mon esprit peut réaliser tout ce qu'il conçoit.
Je choisirai de croire.

***

La nouvelle du livre se répandit très vite dans la ville et ses environs et les trois hommes n'eurent pas le temps de se reposer sur leurs lauriers. Au cours des mois suivants, Éphraïm et Haziq rendirent visite sans relâche à tous les marchands de la ville, pendant que Félix et les hommes qu'ils avaient engagés travaillaient jour et nuit à l'atelier pour réaliser des copies de son manuscrit et assurer la livraison des commandes.

Félix le Romain. Le muet qui parle était le titre qu'ils dupliquaient sur chaque couverture.

Tout le monde voulait connaître l'histoire de ce jeune homme qui avait été miraculeusement guéri par le crucifié de Galilée, et les gens se pressaient devant l'échoppe pour acquérir une copie de son récit. Mais plus que son ouvrage, c'était lui – Félix – qu'ils venaient voir. La rumeur s'était répandue que le Juif qui avait été crucifié était revenu d'entre les morts et, depuis, l'histoire du garçon qui n'était plus muet était sur toutes les lèvres. Tout le monde voulait témoigner du miracle et demander au jeune homme s'il avait réellement été muet depuis sa naissance. En toute logique, si la guérison prodigieuse de Félix était avérée, cela confortait la véracité des rumeurs concernant le mystérieux supplicié.

Même les hauts dignitaires romains qui participaient alors au contrôle de Jérusalem avaient eu vent de l'histoire du Romain miraculé. Le garçon à la popularité croissante représentait pour eux un atout précieux, car les relations entre Juifs et Romains étaient des plus tendues, depuis l'exécution de l'homme. C'est ainsi que Félix, Haziq et Éphraïm furent conviés à un festin en l'honneur du jeune homme.

Au cours du banquet, on leur expliqua que les Juifs se rebellaient contre leurs chefs religieux, qui perdaient leur emprise sur le peuple, et l'armée romaine peinait à rétablir l'ordre.

L'histoire écrite par ce Romain à la fois en hébreu et en latin était diffusée dans toute la région et elle était aimée et respectée des Juifs. Outre les très nombreux exemplaires qui avaient déjà été écoulés, il était évident que la nouvelle allait bientôt se répandre et dépasser les frontières du pays.

Félix assistait à cette popularité naissante en gardant la tête froide.

Un jour, alors qu'il était venu s'asseoir à sa place habituelle sur le mont des oliviers pour s'extraire de la frénésie de sa nouvelle vie, une femme d'âge mûr vint le trouver. Félix la connaissait. C'était la servante du vieil homme qui possédait cette terre et ces oliviers. Craignant de gêner, il se leva à la hâte et s'excusa, prêt à déguerpir.

« Ne partez pas ! lui dit-elle. Je suis venue vous informer que le terrain et la maison sont à vendre. Le propriétaire est mourant et il n'a pas de famille à qui céder ses biens. Je sais que vous aimez cette terre et que vous venez souvent ici pour vous reposer. Beaucoup de choses circulent sur vous… On dit en ville que vous êtes riche. »

Félix n'en croyait pas ses oreilles. Intérieurement, il exultait de joie, mais il parvint à rester digne devant cette femme qui lui annonçait le décès imminent de son maître. Elle avait vu juste en évoquant sa richesse, car il avait aujourd'hui suffisamment d'or pour posséder une terre comme celle-là. Depuis tout le temps qu'il vivait en compagnie d'Haziq, il avait économisé chaque sou pour acquérir un jour l'oliveraie de ses rêves. Sa bourse était maintenant remplie d'or. Il avait déjà cherché un terrain à acheter, mais aucun endroit ne satisfaisait tant son âme que ce lieu niché en haut de la colline.

Il prit poliment congé de la femme, laissant entendre que la terre l'intéressait, et il se dépêcha de retourner à l'auberge où ils séjournaient toujours avec Haziq pour en discuter avec lui.

Sans tarder, il apporta sa bourse remplie d'or au vieil homme, qui fut heureux de céder ses terres à un homme qui l'aimait autant que lui et qui saurait en prendre soin. Félix était convenu d'assurer la continuité de l'exploitation après le départ du vieil homme, en gardant ses serviteurs, qu'il prévoyait même d'augmenter.

Très vite, le jeune homme sut prendre ses marques dans sa nouvelle vie. Aidé de ses domestiques, il s'occupait de la maison et cultivait les champs. La récolte était en grande partie vendue et les reliquats nourrissaient Félix et le personnel.

Ils mettaient en bouteille l'huile d'olive riche et emballaient des paniers remplis de fruits crus. Ils vendaient les olives de toutes les manières imaginables et le garçon apprenait tout le processus, les gestes et techniques, auprès des travailleurs, toujours désireux d'en savoir davantage et prêt à réaliser les tâches les plus salissantes et les plus difficiles. Le travail ne manquait pas. Ils récoltaient les olives arrivées à maturité, avant d'en extraire une délicieuse huile dorée. Les jours de marché, il vendait la production de son domaine : son huile, bien entendu, mais également ses olives en saumure et d'autres fruits juteux cueillis dans ses vergers. Félix aimait sa nouvelle vie. Il appréciait les plaisirs simples qu'elle lui offrait, comme cette poignée de terre qu'il saisissait à pleine main, la laissant passer sous ses ongles, puis glisser entre ses doigts. Il aimait la richesse d'âme que cette existence lui procurait, formant un rempart solide qui le protégeait du monde. Il aimait enfin déambuler dans son domaine, en communion totale avec la nature. Il parlait souvent à haute voix, remerciant ses vieux arbres pour l'abondance qu'ils fournissaient et prévenant la terre des semences à venir.

Il évoquait régulièrement son histoire avec ses hommes, quand ils travaillaient, et il leur expliquait ses premiers rêves dans lesquels il semait des graines d'oliviers.

« Au moment où il semble que l'olivier ne produira jamais, il donne plus de fruits qu'il ne peut en contenir », répétait-il souvent, pensant toujours à Licinia quand il prononçait ces mots.

Le souvenir de la jeune femme était un doux sentiment qu'il conjuguait désormais au passé, conscient qu'il ne remettrait probablement jamais un pied à Rome.

Il passait la plupart de ses soirées tout seul, sur la colline. Il s'y rendait en fin de journée, quand les ouvriers regagnaient leurs pénates pour la nuit. Secrètement, au fond de lui, il espérait que l'homme qui l'avait miraculeusement guéri surgisse un jour, si les rumeurs de sa résurrection disaient vrai.

Chaque mois, il assistait aux festivités organisées par les Romains pour atténuer les tensions dans la ville. Parfois, même, il prenait la parole devant une assemblée bigarrée de Juifs, d'Arabes et de Romains. Chaque fois qu'il était sur le point de commencer, il se souvenait de son rêve et luttait pour calmer son cœur de la peur paralysante qui ne disparaissait jamais. Ensuite, il racontait son histoire et enseignait les principes que son mentor lui avait inculqués, partageant les paraboles qu'Haziq et le Juif nommé Jésus lui avaient apprises.

***

Par une fin d'après-midi ensoleillée, alors qu'il se reposait, assis à l'ombre d'une treille, devant sa maison, on lui annonça que quelqu'un était à la porte et désirait lui parler.

Félix avait l'habitude d'être dérangé par des promeneurs curieux d'entendre son histoire. Il dit à son serviteur d'offrir un livre à son visiteur et de le renvoyer. Quelques instants plus tard, le domestique revint le trouver, la mine déconfite : la personne refusait de s'en aller et insistait pour le rencontrer. Un tantinet agacé, Félix se leva et marcha lentement jusqu'à l'entrée de la maison.

En ouvrant la lourde porte, il eut le choc de sa vie.

Ces longues boucles noires, il les aurait reconnues au milieu d'une foule… Ces yeux d'un vert intense, eux aussi il les connaissait. Elle était là. La jeune femme de ses rêves, sa douce et tendre amie de l'orphelinat. Elle était radieuse et semblait aussi surprise que lui.

« C'était donc bien toi ! » s'exclama Licinia en se ruant sur lui pour l'embrasser, sous le regard perplexe des domestiques.

Ils avaient tant de choses à se raconter ! Félix demanda qu'on leur allume un feu à l'extérieur, sur la terrasse, et qu'on leur serve du vin qu'il faisait venir du marchand de Phoenix, devenu son ami.

Devant eux, les rangées d'oliviers striaient la colline et s'élançaient en contrebas, où les lumières de la ville scintillaient. La chaleur écrasante de la journée avait laissé place à une douce brise qui faisait crépiter le feu.

Félix écoutait Licinia, sans parler. Régulièrement, des bouffées d'émotions l'assaillaient et il devait tourner discrètement le visage pour cacher les larmes qui lui montaient aux yeux. La scène qu'il vivait était pour lui comme un rêve. La veille encore, il pensait leurs retrouvailles impossibles. Pourtant, Licinia se tenait bien là, devant lui, encore plus belle que dans le miroir de sa psyché.

Licinia lui expliqua comment elle avait fait pour le retrouver. Après le départ de Félix, elle avait été embauchée à l'orphelinat pour aider à son tour les enfants abandonnés. Un jour, l'une des femmes avec lesquelles elle officiait s'était approchée d'elle pour lui confier une rumeur qui circulait à propos d'un jeune Romain muet qui avait retrouvé la parole à Jérusalem. Le récit de son histoire commençait à faire grand bruit.

Licinia ignorait où Félix était parti quand il avait quitté l'orphelinat, mais elle avait tout de suite pensé à lui en écoutant le récit de cette femme. Elle avait alors réussi à se procurer une copie du livre et elle avait compris en le feuilletant que le muet n'était autre que son ami de toujours. Convaincue d'avoir enfin retrouvé sa trace, elle avait sacrifié toutes ses économies pour rallier Jérusalem. Une fois arrivée dans la cité, elle avait montré l'exemplaire du livre qu'elle tenait toujours avec elle et on lui avait expliqué qu'il s'agissait de l'homme qui vivait tout en haut du mont des Oliviers.

À son tour, Félix tenta de remonter le temps pour lui expliquer en détail tout ce qu'il avait vécu depuis son départ de Rome. Licinia l'écoutait, émerveillée par toutes ses aventures au point d'écraser quelques larmes quand le jeune homme évoqua le miracle de sa voix revenue.

Il lui expliqua sa transformation et les principes qu'Haziq lui avait inculqués. Il parla plus avant de l'homme mystérieux qui l'avait guéri. Cet homme prénommé Jésus qui, par sa mort, avait mis toute la région sens dessus dessous, renversé les dogmes et préceptes établis et soufflé un vent de liberté sur la société. Une liberté universelle du cœur et de l'esprit.

Il finit par baisser les yeux sur ses mains calleuses, tachées de terre et d'encre. À l'évocation de tout ce qu'il avait vécu depuis leur séparation, il réalisait tout le chemin qu'il avait parcouru. Il était loin, le jeune garçon muet qu'un rien effrayait et qui n'avait foi en rien. Il savait désormais que la seule bataille qu'il avait remportée, il l'avait livrée dans son esprit. Depuis lors, il avait su être un marin, un vendeur, un auteur, et maintenant un cultivateur des arbres les plus précieux du monde.

Il est vrai, pensa-t-il, *que pour réussir à mener une vie extraordinaire, il faut comprendre que les mots prononcés mettent la vie en mouvement.*

Il faut toujours vivre en ayant la fin à l'esprit.

Il faut toujours être empreint de gratitude.

Il faut chaque jour donner un peu plus de soi-même.

Il ne faut blâmer personne d'autre que soi-même.

Il faut développer un désir ardent pour l'objet de son désir.

Il faut agir en ce sens.

Il faut toujours persévérer pour que son désir se réalise.

Il faut comprendre que l'on est une créature d'habitudes.

Il faut choisir de vivre dans l'amour pour être libéré.

Il faut seulement choisir de croire.

Enfin, il vivait en accord avec le prénom qu'on lui avait donné. Félix… Enfin, il était « heureux », il était « fortuné ».

Si l'on désire mener une vie extraordinaire, il faut le demander et elle vous sera donnée. Il faut la chercher et l'on finit par la trouver. Il faut frapper à la porte de son destin, qui finira par s'ouvrir.

Félix et Licinia restèrent sur la terrasse jusque tard dans la nuit, à deviser gaiement, en buvant du vin et en partageant des éclats de rire. Félix finit par ôter ses sandales. Il se leva et s'élança pieds nus en direction de l'oliveraie, où il se mit à zigzaguer entre les arbres, sous le clair de lune. À la hâte, Licinia quitta à son tour ses souliers et s'élança après lui, comme elle le faisait quand ils étaient enfants.

À propos de l'auteur

M**ichael est né** en Union soviétique et il est arrivé aux États-Unis juste avant la fin de la guerre froide, en tant que réfugié politique. Il est le petit-fils d'un survivant du siège de Leningrad et du camp de Dachau. Aujourd'hui, Michael est conférencier et auteur de best-sellers. Ses ouvrages ont déjà touché des milliers de personnes avec leur message de résilience, d'intention et d'espoir. Il s'est donné pour mission d'aider les gens à découvrir une meilleure façon de vivre.

Si vous souhaitez que Michael intervienne lors d'un événement d'entreprise, dans une école, lors d'une retraite, dans une église ou pour tout autre événement, veuillez vous rendre sur son site internet, dont voici l'adresse : www.speaklife365.com

Du même auteur

The Traveler's Secret: Ancient Proverbs for Better Living

The Servant With One Talent: Five Success Principles from the Greatest Parable Ever Told

The Cabin at the End of the Train: A Story About Pursuing Dreams

Remerciements

J'**adresse tous mes remerciements** à mon éditrice, Madeleine Eno, qui a porté cette histoire à un tout autre niveau, c'est le moins que l'on puisse dire, et qui a vraiment su transformer quelque chose d'ordinaire en un ouvrage extraordinaire !

Composition et mise en pages
Nord Compo à Villeneuve-d'Ascq